U0153699

圖解系列

圖解

三大特色

- 一讀就懂的教學科技入門知識
- 文字敘述淺顯易懂、提綱挈領
- 圖表形式快速理解、加強記憶

教學科技與媒體

薛慶友 著

閱讀文字

理解內容

觀看圖表

五南圖書出版公司 印行

本書目錄

第 1 章　教學科技與媒體概說

教學科技與媒體的基本概念

科技媒體融入教學的意涵與依據

科技媒體融入教學的設計

科技媒體融入教學的教學策略

第 2 章　科技媒體應用：行動學習篇

行動學習的意涵

第 **4** 章　　科技媒體應用：虛擬與擴增實境篇

虛擬與擴增實境的意涵

虛擬與擴增實境的資源例舉

虛擬與擴增實境的教學應用示例

本書目錄

第 5 章　科技媒體應用：遠距教學篇

遠距教學的意涵

遠距教學的資源例舉

遠距教學的教學應用示例

第 1 章

教學科技與媒體概說

●●●●●●●●●●●●●●●●●●●●●● 章節體系架構 ▼

Unit 1-1
教學科技與媒體的定義與種類

圖解教學科技與媒體

002

教學科技（Instructional Technology）一詞起源於1920年代，並在1960年代獲得認可。它指的是應用科技改善教學和學習的過程（Saettler, 2004）。顯然，教學科技發展至今已有一個世紀，惟在不同的時空背景下，其代表的意涵為何？與吾人經常聽聞的教學媒體（Instructional Media）有何關聯？教學媒體的種類又包含哪些呢？

一、教學科技與媒體的定義

在1900至1950年間，教學科技指的是教學媒體，如幻燈片、照相術，以及圖像等。到了1960、1970年代，教學科技被視為研究如何在整個課程設計、實施和評量的教學行為中提升教學效果的一整個系統化的過程（林弘昌，2009）。換言之，教學科技與教學媒體可謂息息相關，在1960年代以前教學科技指的是教學媒體或相關資源；而在1960年代以後，教學科技則意指如何利用教學媒體或資源以促進教學效果的歷程。拜個人電腦的出現與網際網路的發展，1994年，美國教育傳播與科技學會（Association for Educational Communications and Technology, 以下簡稱AECT）出版了《教學科技：領域的定義和範圍》一書，對教學科技重新加以定義（Seels & Rickey, 1994）：「教學科技是指設計、發展、運用、管理和評鑑學習過程和資源的理論與實踐。」2004年，AECT對教學科技進一步闡釋，指的是在道德使用的規範之下如何創造、使用和管理適當的科技程序和資源以促進學習和提升學習的效果

（AECT, 2004）。總括來說，教學科技的定義不僅包括設計、發展、運用、管理和評鑑等五個範疇，更需注意使用教學媒體與資源須考量的倫理問題，以及如何促進學習者進行學習。

二、教學科技與媒體的種類

由以上教學科技的定義可知，教學科技涵蓋的範疇甚為廣泛，與其相應的教學媒體亦甚為多元，綜合學者們的看法（張霄亭、朱則剛，2010；Clark & Mayer, 2016；Roblyer & Hughes, 2018），茲將教學科技與媒體的種類例舉如下：

（一）印刷材料（Printed Materials）

印刷材料包括教科書、習作、講義、學習單和其他以紙質形式印刷的書面資料，這些材料可以為學習者提供資訊、指導和練習。

（二）視聽媒體（Audiovisual Media）

視聽媒體指的是結合視覺和聽覺元素的媒體格式，例如：影像、錄音、多媒體呈現和教育電視節目，這些媒體透過提供視覺示範、聽覺解釋和引人入勝的內容來增強學習效果。

（三）數位媒體（Digital Media）

數位媒體指的是透過電腦、平板、智慧手機和其他數位設備使用的電子資源，包括電子書、互動軟體、教育網站、線上課程和行動應用程式等，這些媒體的豐富性與多元性能強化學習者的學習動機與興趣。

教具、媒介、媒體與教學媒體的意涵

教具、媒介、媒體與教學媒體的意涵

教具（teaching tools）是指在教學過程中使用的工具或設備，旨在促進學生的學習和理解。教具可以包括實物、教學設備、模型、實驗器材等，它們通常是教師用來演示、說明或引導學生進行學習活動的工具。

媒介（medium）是指傳達訊息或進行溝通的手段或管道，又稱為媒介物、媒質、觸媒、方法、工具等，多為新聞界、傳播界所使用，例如：新聞媒介、傳播媒介、電子媒介等。

媒體（media）是任何形式的資料、資源和設備，用之於人們的訊息溝通。媒體可以包括文字、圖像、錄音、影像等形式，並且可以透過印刷物、電子資源、影像製品等形式存在。

教學媒體（Instructional Media）是一種特定的媒體形式，用於支持教學和學習活動。教學媒體包括各種視覺、聽覺和互動形式，旨在提供有效的學習體驗和增強學生的理解，它可以包括印刷物、圖像、動畫、影像、數位教學等資源等。

資料來源：
1. 張霄亭、朱則剛（2010）。教學媒體。臺北市：五南。
2. Jonassen, D. H., Howland, J., Moore, J. L., & Marra, R. M. (2003). *Learning to Solve Problems With Technology: A Constructivist Perspective* (2nd ed.). Pearson College Div.

Unit 1-2
教學科技與媒體的發展

圖解教學科技與媒體

004

教育歷史上有幾次重大的變革，每個時期的革命都對教育產生了深遠的影響，並推動了教學科技與媒體的發展。然而，教育革命的分類是一個相當複雜的主題，學者們皆有其不同的觀點與分類方式，以下參酌若干學者的見解（張霄亭、朱則剛，2010；Bates & Poole, 2003；Peters, 2020；Saettler, 2004；Selwyn, 2012），將教育革命的分期，以及伴隨的教學科技與媒體的發展概述如後。

一、第一次革命：書寫的出現

早期的部落社會，多以口耳相傳的方式進行溝通，亦即以聽覺媒體作為生活知識的傳遞媒介。隨著書寫的出現，人們開始能夠以文字紀錄來傳遞知識，讓教師教學多了一種視覺媒體，使得知識的保存和傳播更加容易和廣泛。舉例來說，古代的文獻和手抄本就是書寫的產物，例如《尚書》、《詩經》等，它們保存了當時的知識、文化與思想。

二、第二次革命：印刷術的出現

印刷術的發明使得書籍的生產和傳播變得更加高效和大規模化，在教學科技方面，印刷術的出現使得教材的生產和使用更加便利，推動了知識的傳播；媒體方面，印刷媒體成為主要的學習工具，書籍成為教學的主要媒介。換言之，印刷術的出現使得書籍變得更加普及，人們可以更容易地獲取知識和學習，舉例來說，文藝復興時期的印刷術使得作品如《聖經》、《莎士比亞全集》等能夠廣泛流傳。

三、第三次革命：大眾媒體的出現

20世紀大眾媒體的出現，包括收音機、電視和電影，對教學科技與媒體產生了重大的影響。這些媒體形式使得教育節目可以廣播播出，提供了集中的資訊來源，並改變了傳統的教育方式，讓人們可以更廣泛地獲取訊息和學習，並實現了視聽教育的學習體驗。舉例來說，電視臺和廣播臺播放的教育節目如《賓漢》和《芝麻街》為兒童提供了豐富的學習機會。

四、第四次革命：數位科技的崛起

20世紀後半葉，隨著數位科技的崛起，如電腦、網路和行動設備的普及，教育方式和學習環境發生了巨大的變化。數位科技為教學帶來了豐富的媒體和工具，如數位教材、線上學習平臺和虛擬班級等，提供了更多個別化和互動的教育體驗。舉例來說，現代的數位學習平臺如Coursera、EdX和Khan Academy等，提供了各種線上課程和學習資源，學生可以根據自己的興趣和需求進行自主學習。

教學媒體的演進

口耳相傳的時代
在這個時代，教學主要依賴口頭傳授和人際溝通，例如：老師親自授課，學生們透過聆聽和模仿學習知識和技能。

書寫與印刷的時代
隨著書寫和印刷技術的發展，教學材料得以製作和傳播。這使得知識可以更廣泛地傳遞，學生們可以透過書本等印刷媒體進行自主學習。

教學媒體的演進

電化與多媒體的時代
隨著電子技術的興起，教學媒體得以進一步多樣化，包括電影、幻燈片、錄音和錄影等。這些多媒體教學工具提供了更豐富的學習體驗。

數位科技的時代
隨著數位科技的革新，教學媒體得到了前所未有的進步。現代教學媒體包括電腦軟體、網路、手機應用、虛擬實境等，這些媒體為教學帶來了更加靈活和個別化的方式。

資料來源：Bates, A. W. (2019). *Teaching in a digital age: Guidelines for designing teaching and learning* (2nd ed.). BCcampus.

Unit 1-3
教學科技與媒體的特徵與功能

圖解教學科技與媒體

006

教學科技與媒體是指在教育過程中使用的各種媒體形式，其種類繁多，功能亦甚為多元，特別是各種媒體皆有其獨特的屬性。以下參酌學者們的見解（張霄亭、朱則剛，2010；Boling ed al., 2012；Clark & Mayer, 2016；Jonassen, 2011；Roblyer & Hughes, 2018），茲將教學科技與媒體的特徵與功能歸納條列如下：

一、教學科技與媒體的特徵

（一）多媒體性：教學科技與媒體通常結合了多種媒體元素，如文字、圖像、錄音和影像，可謂範圍廣大，可以提供學習者多元化的學習體驗。

（二）可互動性：教學科技與媒體通常具有互動的特性，讓學習者能夠主動參與學習過程，例如：進行操作、回答問題或解決問題等。

（三）可個別化：教學科技與媒體的設計和應用通常可以根據學習者的需求、興趣和能力進行個別化的調整，以提供更有效和適切的學習體驗。

（四）具積極性：某些教學內容，只要透過媒體就可以學習，達到良好的學習效果。因此，教學科技與媒體已不再只是保守的、消極的輔助教學，而是能積極的替代教學。

（五）具教育價值：教學科技與媒體通常被設計和運用於教育目的，藉此促進學習和知識傳遞，提供有價值的學習體驗和資源，以幫助學習者達到學習目標，因此深具教育價值。

二、教學科技與媒體的功能

（一）提供訊息：教學科技與媒體可以向學習者提供豐富的訊息和知識，包括文字、圖像、影像等形式，以幫助學習者理解和掌握學習內容。

（二）促進學習：教學科技與媒體可以透過各種互動方式，如模擬練習、遊戲和問題解決，促進學習者的積極參與和主動學習。

（三）增強理解：教學科技與媒體可以透過視覺化和動畫效果等方式，幫助學習者更好地理解抽象概念和複雜過程。

（四）提供回饋：當代教學科技與媒體可以即時提供反饋，幫助學習者評估自己的學習進度和理解程度，並針對不足提供相關的指導和支持。

（五）強化互動：當前教學科技與媒體可以提供協作和共享功能，促進學習者之間的交流，強化學習的互動與合作。

（六）超越時空：透過教學科技與媒體，學習者可以進行遠距離學習、遠程協作和線上教學等活動，不受時間和地理位置的限制。

教學科技與媒體的選擇考量

教學科技與媒體的選擇考量

教學目標
確定你的教學目標是什麼,希望學生達到什麼樣的學習成果,亦即根據目標選擇適合的科技與媒體來支援學習。

學習內容
考慮你要教授的學習內容性質,是否需要圖像、聲音、互動等元素來有效呈現。

學習者特徵
了解你的學生特點,包括年齡、認知能力、學習風格等,選擇適合的科技與媒體來滿足學生的需求。

教學環境
考慮你的教學環境,包括教室設施、科技設備等,選擇與環境相容的科技與媒體。

教學設計
根據教學設計的原則和策略,選擇能夠支援該設計的科技與媒體。

資料來源:Roblyer, M. D., & Hughes, J. E. (2018). *Integrating educational technology into teaching* (8th ed.). Pearson.

Unit 1-4
教學科技與媒體運用的挑戰

圖解教學科技與媒體

008

隨著教學科技與媒體的不斷推陳出新，教學科技與媒體的運用在教師方面、學生方面以及設備或技術方面勢必會面臨一些問題或挑戰。以下統整學者們的見解（Ertmer & Ottenbreit-Leftwich, 2010；Mayer, 2009；Pimmer et al., 2016；Puentedura, 2006；Ribble et al., 2004；Swan & Hofer, 2008；Zimmerman, 2002）與筆者觀點，茲將教學科技與媒體運用面臨的問題或挑戰例舉如後。

一、教師方面的問題或挑戰

（一）缺乏適切的培訓和專業發展

教師可能缺乏對教學科技與媒體的運用知識和技能，需要接受相應的培訓和專業發展來有效地整合科技與媒體於教學中。

（二）課程進度與教學時間壓力

教師可能面臨課程進度與教學時間有限的挑戰，需要適當安排教學科技與媒體的使用，以確保在有限的時間內有效地傳達教學內容，趕上課程進度。

（三）教師牴觸情緒

有些教師可能對教學科技與媒體持懷疑或牴觸的態度，不願意採用或嘗試新的教學方法。

二、學生方面的問題或挑戰

（一）數位落差

學生之間在使用教學科技與媒體方面的技術能力可能存在差異，一些學生可能對技術較為熟悉，而另一些學生可能缺乏必要的技術能力，這可能導致數位落差的存在。

（二）分心和注意力問題

教學科技與媒體的使用可能引起學生的注意力不集中，特別是當科技與媒體過於刺激或包含過多的多媒體元素時，學生可能分散注意力而無法集中在學習內容上。

（三）自我監控和時間管理

使用教學科技與媒體進行學習需要學生具備自我監控和時間管理的能力，亦即學生需要學會有效地組織學習時間和管理學習進度，以確保充分利用科技與媒體進行學習。

三、設備或技術方面的問題或挑戰

（一）技術故障和維護

使用教學科技與媒體需要依賴技術設備和系統的正常運作。然而，設備故障、軟體問題或網路連接中斷等技術問題可能影響教學的順利進行，需要及時解決和維護。

（二）隱私和安全問題

使用教學科技與媒體需要考慮隱私和安全問題，特別是涉及個人資料的情況，因此，保護學生與教師的隱私和確保科技與媒體的安全性可能需要相應的措施和政策。

使用教學科技與媒體需具備的素養

使用教學科技與媒體
需具備的素養

 教師

 學生

技術能力
教師需要具備基本的技術能力，包括
操作和使用教學科技與媒體的工具和
軟體。

教學設計知識
教師需要了解如何選擇和設計適合的
教學科技與媒體，並將其融入到教學
活動中。

數位素養
教師需要具備數位素養，包括資訊蒐
集、評估和運用數位資源的能力。

教學策略和創新思維
教師需要具備教學策略和創新思維，
以充分利用教學科技和媒體的潛力，
提供有價值的學習經驗。

數位素養
學生需要具備基本的數位素養，包括使
用操作教學科技與媒體的基本技能。

問題解決和批判思考能力
學生需要具備問題解決和批判思考的
能力，能夠適應和應用不同的教學科
技與媒體解決問題。

協作和溝通能力
學生需要具備協作和溝通的能力，能
夠有效地與他人合作，使用教學科技
和媒體進行交流和協作。

自主學習能力
學生需要具備自主學習的能力，能夠
有效地利用教學科技和媒體進行自主
學習和資源的探索。

資料來源：

1. Ertmer, P. A., & Ottenbreit-Leftwich, A. T. (2010). Teacher technology change: How knowledge, confidence, beliefs, and culture intersect. *Journal of Research on Technology in Education*, *42*(3), 255-284.
2. Pimmer, C., Mateescu, M., & Gröhbiel, U. (2016). Mobile and ubiquitous learning in higher education settings. A systematic review of empirical studies. *Computers in Human Behavior*, *63*, 490-501.

Unit 1-5
科技媒體融入教學的意義與目的

前揭已針對教學科技與媒體的基本概念，包括意義與種類、歷史發展、特徵與功能、運用挑戰等內涵予以理解，本節將聚焦當代科技媒體融入教學的若干意涵加以深究。首先，科技媒體融入教學的意義為何？目的又有哪些呢？

一、科技媒體融入教學的意義

科技媒體融入教學（Technology Media Integrated into Instruction）所謂何指？科技融入教育是指使用數位工具和資源來支持增強學生學習成果的教學實踐（Roblyer & Hughes, 2018）。Ertme & Ottenbreit-Leftwich（2013）則認為，資訊融入教學是指將資訊和通訊技術（Information and Communication Technology，簡稱ICT）應用於教學中，以提供更豐富、有趣和有效的學習環境，這包括使用電腦、網路、數位媒體和軟體等工具來支持教學活動和學生的學習過程。王全世（2000）另闡釋，資訊科技融入教學就是將資訊科技融入於課程、教材與教學中，讓資訊科技成為師生一項不可或缺的教學工具與學習工具，使得資訊科技的使用成為教室中日常教學活動的一部分，並且能延伸地視資訊科技為一個方法（method）或一種程序（process），在任何時間任何地點來尋找問題的解答。總括來說，學者們對科技媒體融入教學的用詞雖有所不同，惟其內涵卻有所重疊與增補，就功能而言，旨在增進教師教學與學生學習；就媒體運用來說，則在融入各類科技媒體與網路資源；就教學安排來看，則希冀科技媒體的運用成為師生日常教學活動的一環。

二、科技媒體融入教學的目的

科技媒體融入教學的目的可歸納以下幾點（沈中偉、黃國禎，2012；張國恩，2002；Ertme & Ottenbreit-Leftwich, 2013）：

（一）增強學習經驗

科技媒體可以提供豐富的圖像、影像、錄音等多媒體資源，使學習更加生動有趣，激發學生的學習興趣和積極性，從而增強學習經驗。

（二）促進主動學習

科技媒體融入教學提供了探索、發現和合作的機會，鼓勵學生自主學習和問題解決能力的培養。學生亦可透過網路獲取資訊、進行研究、參與線上討論等方式主動參與學習過程。

（三）提供多元化學習

科技媒體融入教學提供了多樣化的學習工具和資源，可以滿足不同學生的學習風格、能力和需求。此外，學生也可以根據自己的興趣和需求選擇合適的學習資源，進行個別化學習。

（四）培養 21 世紀素養

科技媒體融入教學有助於培養學生在資訊時代所需的21世紀素養，如數位素養、資訊素養、媒體素養、創造性思維和協作能力等，這些素養對學生未來的學習、工作和生活都至關重要。

科技媒體在教學中的角色

科技媒體在教學中的角色

等級1-取代（Substitution）
科技媒體被用來取代傳統的學習工具，但並未帶來實質上的改變，例如：使用電子書代替紙本教科書。

等級2-擴增（Augmentation）
科技媒體在教學中帶來一些增值的功能和優勢，但教學方法基本保持不變，例如：使用數位筆記應用程式取代紙本筆記，並增加搜尋、標記和分享功能。

等級3-修改（Modification）
科技媒體改變了教學方法和學習經驗，提供了新的學習機會和可能性，例如：使用線上協作工具進行合作專案，讓學生能夠同時編輯和共享文件。

等級4-重新定義（Redefinition）
科技媒體重新定義了學習活動，創造了以前無法實現的學習體驗，例如：使用虛擬實境技術讓學生進入虛擬環境中，體驗真實或虛構情境，從而提供深入且身臨其境的學習體驗。

資料來源：Puentedura, R. (2012). *The SAMR model: Background and exemplars.* http://www.hippasus. com/rrpweblog/archives/2012/08/23/SAMR_BackgroundExemplars.pdf

Unit 1-6
科技媒體融入教學的發展歷程

圖解教學科技與媒體

012

Jonassen等（2003）在其《以建構主義觀點學習使用科技解決問題》（*Learning to solve problems with technology: A constructivist perspective*）一書中，揭示學習科技媒體有三階段的發展，分別是「從電腦／科技學」（Learning from Computer/Technology）、「學電腦／科技」（Learning about Computer/Technology）與「用電腦／科技學」（Learning with Computer/Technology）。Jonassen等的三階段發展對應我國資訊教育發展分別是電腦輔助教學、電腦課程的實施，與資訊融入教學（張國恩，2002）。以下分別論述之。

一、從電腦／科技學：電腦輔助教學

這階段強調學生透過使用電腦或相關軟體來獲取知識和資訊，例如利用教學軟體、互動多媒體等途徑來學習，因此，電腦或科技被視為學習的工具和資源，提供教育內容和學習機會。舉例來說，學生可以使用電腦上的教學軟體來學習科學概念，他們可以透過互動的方式操作軟體中的教學模組，包括觀看動畫、解決問題和進行練習等。是以，電腦作為學習的媒體，提供了視覺化、互動化和個人化的學習經驗。

二、學電腦／科技：電腦課程的實施

這階段著重於學生對電腦和相關技術的理解和學習，例如學生學習電腦的基本技能、操作知識和軟體工具，以提高他們的科技素養和資訊素養。舉例來說，學生可以參加電腦課程，學習如何

使用電腦的基本功能，包括文件管理、網路瀏覽器和文書處理等，他們可以從中學習如何操作軟體和硬體，並掌握基本的電腦操作技巧。

三、用電腦／科技學：資訊融入教學

這階段強調學生利用電腦或科技工具來進行合作學習、問題解決和創造性活動。電腦成為學生合作和交流的平臺，支持他們的主動學習、知識建構，以及培養解決問題和創新思維的能力。舉例來說，學生可以使用協作工具，例如線上協作平臺或虛擬學習環境，與同學合作完成一個專案或解決一個問題。換言之，他們可以共享資源、進行即時交流、協同編輯文件，並透過互動討論和反饋來共同建構知識。

上述三階段的發展代表了科技媒體融入教學在教育領域中的不同層次和目標。從僅使用電腦／科技作為學習工具和資源，到學習如何使用電腦／科技，再到利用電腦／科技進行合作學習和知識建構，學生可以在這些不同的層次中進行學習，從而促進他們的學術成長和技能發展。

科技媒體融入教學的發展歷程之比較

優點		限制
從電腦學	1. 學生可以透過多媒體和互動元素來視覺化和體驗學習內容，提升學習興趣和參與度。 2. 可以根據學生的個別需求和進度提供自主學習的機會。 3. 學生可以透過即時回饋和評估來監控和改善學習成效。	1. 需要適當的硬體和軟體設施，可能面臨技術和資源的限制。 2. 學生可能因為過度依賴電腦而忽略其他學習資源和互動方式。 3. 需要適當的教師指導和監督，以確保學生有效使用電腦學習。
學電腦	1. 學生可以獲得對電腦和科技的基本知識和技能，提升他們的數位素養。 2. 可以培養學生的問題解決和邏輯思維能力。 3. 學生可以了解科技對社會、工作和生活的影響，增加科技意識。	1. 學習的重點可能過於注重技術細節，忽略了科技應用和創新思維的發展。 2. 需要適當的教材和教學資源，以及教師具備相應的專業知識。 3. 學生可能面臨過度學習和缺乏實踐應用的挑戰。
用電腦學	1. 學生可以透過協作和交流平臺與同學合作學習，共同建構知識。 2. 可以提供豐富的資源和學習工具，支持學生在合作環境中解決問題和進行創造性活動。 3. 學生可以培養合作能力、溝通能力和團隊合作精神。	1. 需要學生具備一定的數位素養和科技能力，否則可能造成學習差距。 2. 學生可能面臨協作中的時間管理和溝通問題。 3. 需要教師提供適當的指導和支持，以促進有效的協作學習。

資料來源：Jonassen, D. H., Howland, J., Moore, J. L., & Marra, R. M. (2003). *Learning to Solve Problems With Technology: A Constructivist Perspective* (2nd ed.). Pearson Education.

Unit 1-7
科技媒體融入教學的範疇

若干研究顯示（Rosen et al., 2016；Sarker et al., 2019），科技媒體融入教學確實為教與學帶來若干助益，然而，對習慣傳統教學的教師來說亦面臨諸多挑戰，首當其衝的即是教材的選擇。到底哪些教材適合科技媒體融入教學呢？參酌學者們的見解（張國恩，2002；Hammond & Manfra, 2009；Rosen et al., 2016），例舉適用科技媒體融入教學的教材範圍如下：

一、抽象化的教材

某些教材呈現的知識是抽象的，學生不易理解，造成學習動機低落。科技媒體則可幫助學生將抽象的概念轉化為具體、可視化的形象或實例。舉例來說，在數學學習中，學生可以使用互動數位教材來探索幾何形狀的特性，操作和觀察不同的變數，從而更好地理解抽象的幾何概念；在物理學學習中，學生可以使用虛擬實驗室模擬器進行光學實驗，觀察光線的折射和反射，從而深入理解抽象的光學原理。

二、需要實物演練經驗的教材

有些教材需要學生實際操作練習以獲取經驗，如各類實驗或實作，科技媒體可以提供虛擬實驗室環境，讓學生進行實驗模擬和數據分析。舉例來說，在化學教育中，學生可以使用虛擬實驗室設備進行化學反應，操作不同的試劑和器材，觀察和分析反應結果；在物理學教育中，學生可以使用互動模擬軟體進行運動和力學實驗，研究不同參數對運動的影響。

三、需要問題解決經驗的教材

真實世界的問題層出不窮，甚至繁雜多變，科技媒體可以提供虛擬問題解決場景，讓學生在學校無法提供的真實情境中進行問題解決。舉例來說，在商業教育中，學生可以參與虛擬公司的管理和經營，面對不同的挑戰並制定解決方案；在法律教育中，學生可以參與虛擬法庭，研究和辯論不同案例的法律問題。

四、社會技能的學習

學校是小型的社會，學生需要學習未來進入社會或團體的生活技能，如溝通、協商、討論或評論，科技媒體利用線上協作平臺或虛擬社交環境，可以讓學生練習社會技能，促進學生之間的合作和互動。舉例來說，在文學閱讀中，學生可以使用線上討論平臺分享意見和討論文學作品；在歷史研究中，學生可以使用線上協作工具共同編寫研究報告或製作多媒體展示。

五、其他教材

文化多樣性教材，利用多媒體資源和線上文化資料庫，讓學生探索不同文化和多元社會。資訊素養教材，讓學生可以學習如何進行有效的網路搜尋和評估資訊的可信度。創意表達教材，讓學生使用數位繪圖工具創作藝術作品，或使用音樂編曲軟體創作和錄製音樂作品。

科技媒體融入教學的其他例子

1. 數學應用與建模教材，使用數學建模軟體和數據可視化工具讓學生應用數學知識解決實際問題，如使用數學模型分析和預測氣候變化的趨勢。

2. 經濟學習的教材，使用虛擬市場模擬遊戲和經濟模型，讓學生學習經濟學的基本原理和應用，如使用虛擬股市交易平臺進行股票和投資模擬。

3. 國際事務與政治教材，如使用線上模擬遊戲和模擬聯合國會議讓學生扮演不同國家代表，進行國際事務和政治議題的模擬討論和解決方案的制定。

4. 環境教育教材，使用虛擬實境技術讓學生身臨其境地探索不同的生態系統，如在虛擬森林中觀察不同種類的植物和動物互動。

5. 健康與體育教材，使用運動追蹤器和健康應用程式讓學生追蹤自己的運動和健康狀況，如使用智慧手環監測步數和心率，並分析數據以改善健康習慣。

6. 地理資訊教材，如使用地理資訊系統（GIS）軟體或線上地理資源，讓學生進行地理資訊的分析、製圖和空間視覺化。

7. 社會問題教學教材，如環境保護、社會公義等議題，使用多媒體素材、網路資源和線上討論平臺，讓學生進行深入的研究和辯論，培養批判思考和公民意識。

8. 歷史研究教材，如學生需要研究歷史事件和文獻資料，可以使用線上歷史資料庫和數位檔案來進行歷史研究和文獻分析。

9. 語言學習教材，如語言聽力、口語表達等，使用多媒體教材線上會話工具，讓學生進行實際的聽說練習，提升語言溝通能力。

10. 編程與電腦科學教材，如使用編程學習平臺和模擬軟體，讓學生進行編寫程式練習和電腦科學概念探索。

資料來源：筆者整理。

Unit 1-8
科技媒體融入教學的依據

圖解教學科技與媒體

就我國而言，十二年國民基本教育（以下簡稱十二年國教）已於108學年度開始，依照不同教育階段逐年實施，其課程特色之一（教育部，2014），在於以核心素養（essential literacies）作為課程發展之主軸，其中，科技資訊與媒體素養乃其內涵之一，顯見，此波課程改革對於科技媒體融入教學的重視。以下分別從《十二年國民基本教育課程綱要—科技領域》（以下簡稱科技領綱）與《十二年國民基本教育課程綱要—議題融入說明手冊》（以下簡稱議題融入）兩部分論述當前我國科技媒體融入教學的依據。

一、科技領綱

科技領域乃十二年國教課程規劃八大領域之一，《科技領綱》明白揭櫫（教育部，2018），科技領域課程係透過資訊科技與生活科技兩門科目之實施，培養學生的科技素養，透過運用科技工具、材料、資源，進而培養學生動手實作，以及設計與創造科技工具及資訊系統的知能，同時也涵育高層次思考的能力。簡言之，科技領域的設立乃強調學生動手實作與高層次思考力的養成。其次，科技領域學習重點乃由「學習表現」與「學習內容」兩部分加以組成（教育部，2018），其中學習表現包含「運算思維」與「設計思考」兩個構面，而學習內容諸如「演算法」、「程式設計」、「資料表示、處理及分析」、「資訊科技應用」等等主題。另指出，學習重點需引導跨領域／跨科目的課程設計，並與各項議題做適當結合。總括來說，十二年國教科技領域不宜以單一學科領域觀之，除學習內涵廣泛符應當前全球科技發展走向外，亦強調跨學科知識整合運用的能力，可作為當前各領域教學科技媒體融入的重要依據之一。

二、議題融入

十二年國教《議題融入》共揭示十九項議題，每一項議題皆呈現學習目標、學習主題／實質內涵及融入學習重點示例，據此作為教科書編寫與審查、學校課程規劃、教師教學及教材編輯之輔助與參考（教育部，2019）。換言之，各學習領域課程設計應適切融入十九項議題，以幫助學生統整各領域學習內容，豐富與促進核心素養的達成。其中，科技教育與資訊教育乃十九項議題之一，《議題融入》具體載明（教育部，2019）：科技教育的基本理念是以「做、用、想」為主，培養學生動手做的能力、使用科技產品的能力及設計與批判科技之想的能力。至於資訊教育則著重培養公民在資訊時代中有效使用資訊科技之思維能力，並強調各領域之融入皆須透過資訊科技與該領域之聯結更清楚呈現領域知識，使學生體會以資訊科技輔助各領域知識學習之重要性。質言之，十二年國教需以領域為經，以科技為緯，讓科技應用與知識學習相輔相成，故議題融入可作為當前科技媒體融入領域教學的重要依據之二。

科技媒體融入領域教學的依據之三

名稱
班班有網路 生生用平板-推動中小學數位學習精進方案。

時程
2022～2025，4年總預算200億。

科技媒體
融入領域
教學的
依據之三

目標
教材更生動、書包更輕便、教學更多元、學習更有效、城鄉更均衡等五大目標。

規劃

017

數位內容充實	開發多元數位內容，包括發展學科課程及非典型課程，以影音、遊戲式、虛擬實境、模擬互動等形式呈現。
行動載具與網路提升	1. 擴充中小學與縣市教育網路中心對外連網頻寬，完備教室無線網路，達成班班可無線目標。 2. 配發總量達到偏遠地區學校載具比率為1:1，非偏遠地區則以學校班級數每6班補助1班方式配發，達到生生用平板目標。
教育大數據分析	運用學生線上學習資料建置教育大數據資料庫，作為學習成效、教學模式、政策研訂與數位內容改善的基礎，讓城鄉學習更均衡。

資料來源：教育部（2021年11月25日）。班班有網路、生生用平板──全面推動中小學數位學習精進方案。
https://www.edu.tw/News_Content.aspx?n=9E7AC85F1954DDA8&s=9F7133D453CC16F2

Unit 1-9
科技媒體融入教學中的師生角色

科技媒體融入教學不論從教學方法、學習方式、媒體運用等面向來看，皆與傳統教學有所不同，對於教師與學生來說，勢必要有所因應、調整或轉化。參考學者的研究與觀點（沈中偉、黃國禎，2012；Hunter, 2015；Toprani et al., 2020），茲分述如下：

一、教師的角色

（一）學習設計者（Learning Designer）

教師需要設計和規劃適合科技媒體融入教學的課程和學習活動，亦即教師要考慮學生的需求和學習目標，選擇和整合適當的資訊科技工具和資源，設計相應的學習內容和學習活動。

（二）學習引導者（Learning Facilitator）

教師在科技媒體融入教學中應扮演引導者的角色，引導學生運用資訊科技進行學習，亦即提供學生使用資訊科技的指導和支持，如解答問題、鼓勵學生自主學習和探索等。

（三）技術支援者（Technical Support）

教師需要具備一定的技術能力，能夠解決科技媒體融入教學中可能出現的技術問題和困難，也就是能夠協助學生使用和操作資訊科技工具，解決技術上遇到的問題與障礙。

（四）學習評估者（Learning Assessor）

教師需要評估學生在科技媒體融入教學中的學習成果和能力。他們可以使用各種評估方法，例如：測驗、作業、專題等，來評估學生對於資訊科技應用的理解和應用能力。

（五）學習者（Learner）

教師應該不斷學習和探索新的科技工具和資源，以提升自己的資訊科技知識和技能，並成為學生的學習夥伴。

二、學生的角色

（一）主動學習者（Active Learner）

學生需要積極參與學習過程，主動運用資訊科技工具和資源進行學習，也就是學生可以自主尋找資訊、進行研究、解決問題，並以自己的節奏和方式進行學習。

（二）合作學習者（Collaborative Learner）

學生需要透過資訊科技工具和平臺與他人合作學習，例如：他們可以透過線上協作工具、社群媒體等方式與同儕合作，共同解決問題、分享資訊和知識，學習團隊合作的技能。

（三）問題解決者（Problem Solver）

學生需要運用科技媒體來解決問題和面對挑戰，例如：他們可以運用網路搜尋、數據分析、程式編寫等技能，分析和解決真實世界的問題，找到創新的解決方案，培養批判思考和問題解決的能力。

（四）獨立學習者（Independent Learner）

學生需要具備獨立學習的能力，能夠適應不同的學習環境和資訊科技工具。他們可以利用資訊科技來探索自己感興趣的主題、追求個人學習目標，並自我管理和評估學習成果。

（五）資訊消費者和生產者（Information Consumer and Producer）

學生能夠有效地檢索和評估資訊，並能運用資訊科技工具和資源創造和分享自己的內容。

科技媒體融入教學與傳統教學的不同

 科技媒體
融入教學

 傳統教學

	科技媒體融入教學	傳統教學
學習方式	強調學生的主動參與和合作學習，鼓勵學生進行探究、解決問題和創造。	以教師為中心，注重知識的傳遞和指導。
媒體和資源	利用數位工具、軟體和線上資源，提供更豐富多樣的學習資源和互動性。	依賴教科書和實體教學工具。
學習環境	突破了時空限制，提供遠程學習和線上學習的機會。	通常在教室內進行，學生的學習空間有限。
評量方式	可以利用線上測驗、數據分析和多媒體呈現等方式進行評量，提供即時反饋和個別化評估。	通常使用筆試和口頭問答等傳統評量方式。
學習經驗	利用互動性、多媒體和個別化學習，增強學生的參與度和學習動機，改善學習經驗。	透過教師講述、被動聆聽或紙筆練習等方式學習，部分學生學習參與度和學習動機較為不足。

資料來源：筆者整理。

Unit 1-10
系統化教學設計

　　教學設計（Instructional Design）是一個系統性的過程，旨在設計和開發有效的教學方案，以達到預期的學習目標（Smith & Ragan, 2004）。對於科技媒體的運用來說，關於媒體的選擇、製作或應用，皆需仰賴適當的設計程序，方能確知教與學的成效。教學設計模式頗為多元，對多數學界與實務界而言，最為人熟知的莫過於「系統化教學設計」（Systematic Design of Instruction），以下分別就其源起與相關涵義加以說明。

一、系統化教學設計的源起與意義

　　系統化教學設計的理念源起於第二次世界大戰時，美國軍方為了在最短的時間之內，能有效地訓練優秀的軍人上戰場，而邀請多位著名的教育心理學家，如Robert M. Gagne，針對訓練上的問題與需求，而研發出很多的訓練教材（沈中偉、黃國禎，2012）。爾後，Gagne於1965年發表的《學習條件與教學理論》（*The Conditions of Learning and Theory of Instruction*）是系統化教學設計理論的重要基礎，該書提出了一系列系統化教學設計的原則和步驟，旨在透過有序的步驟和系統化的策劃，設計和實施教學活動。它強調從明確教學目標到評估學習成果的全過程規劃，並藉助教學理論、教學方法和教學媒體等多個方面的知識來指導教學設計。具體而言，系統化教學設計是一種科學化、客觀化，有一定工作方法與程序，並以教學、學習理論為基礎的教學設計方法（張霄亭、朱則剛，2010）。

二、系統化教學設計的內涵

　　系統化教學設計的具體內涵涉及教學設計的各個方面，包括以下要素（Gagne, 1985）：

（一）明確學習目標

　　系統化教學設計強調明確的學習目標，以確定學生需要達到的預期結果。

（二）分析學習者

　　透過分析學習者的背景、需求和能力水準，設計適合他們的教學策略和教學資源。

（三）選擇教學媒體

　　根據學習目標和學習者的特點，選擇合適的教學媒體，如教科書、多媒體資源、互動式媒體等。

（四）編擬教學內容

　　結合學習目標和教學媒體，編擬相應的教學內容，包括知識、情意和技能等方面。

（五）設計教學策略

　　根據學習目標和學習者的需求，擬定合適的教學策略，如演示、問題解決、合作學習等。

（六）實施教學活動

　　根據設計好的教學策略和教學內容，進行教學活動，引導學生有效地學習。

（七）提供學習指導

　　在教學過程中，提供學習指導，包括解釋概念、示範操作、回答問題等。

（八）進行評量和反饋

　　設計評量工具和方法，評估學生的學習成果，並提供及時的反饋，以促進學生的進一步學習。

系統化教學設計模式例舉—Dick與Carey（1996）的ADDIE模式

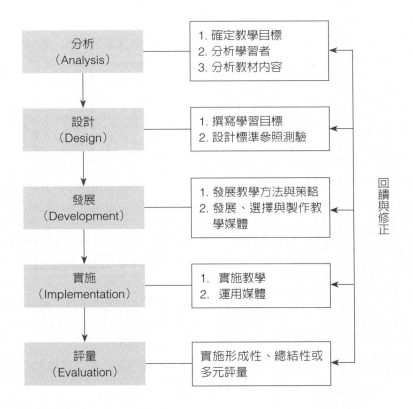

備註：
1. 系統化教學設計有多個著名模式，其中，ADDIE模式為企業界與教育界最常採用的模式之一。
2. Dick與Carey的系統化教學設計模式，雖是線性邏輯式的教學設計流程，但教學設計者不一定需受限此流程，可隨時根據教學目標、教材內容、學生的特性和經驗，給予更多的開放性、變通性和彈性，使教學活動的歷程能夠適時、適當地根據回饋加以修改，甚至創造新的系統化教學設計模式。

資料來源：
1. 沈中偉、黃國禎（2012）。科技與學習：理論與實務。臺北市：心理。
2. Dick, W., & Carey, L. (1996). *The Systematic Design of Instruction* (4th ed.). Harper Collins College Publishers.
3. Molenda, M. (2003). In search of the elusive ADDIE model. *Performance improvement*, *42*(5), 34-37.

Unit 1-11
ASSURE模式

系統化教學設計模式相當多樣化，步驟也繁簡不一。由於本書旨在探討科技媒體的應用，故在此介紹一個以媒體運用為主的教學設計模式——Heinich、Molenda & Russel (1993)的ASSURE模式，此模式依名稱的六個英文字母A－S－S－U－R－E，分為以下六個步驟（張霄亭、朱則剛，2010；Heinich et al.,1999；Smaldino et al., 2012）：

一、A－分析學生的特點和學習需求（Analyze learners）

教師需要了解學生的背景、學習風格、學習需求和先備知識，以便設計符合學生需求的教學內容。關於學習者所要分析的特點包括：（一）一般特性，如學習者的年齡、性別、心智成熟度、社經文化背景、學習能力、興趣、媒體偏好等；（二）起始能力，包括學習者的學科先備知識、經驗與能力；（三）學習風格，指的是學習者對於學習環境在心理層面的知覺、反應與互動方式。舉例來說，在一堂英語課中，教師可以透過問卷調查或課堂討論的方式了解學生對於不同主題的興趣和精熟程度。

二、S－確定學習目標（State objectives）

明確的學習目標是確保學生學習的關鍵步驟，教師需要清楚地描述學生需要達到的具體能力、知識和技能。學習目標可以由教材中直接取得，或配合學習者的特性予以修改，或由教師自行發展。舉例來說，在一堂歷史課中，教師可以設定目標讓學生能夠理解某個歷史事件的背景、成因和影響。

三、S－選擇教學媒體、教材和方法（Select media, materials, and methods）

在確認了學習對象、了解其特質（教學起點），並確立學習目標後（教學終點），接下來，教師需要選擇適合的教學媒體、教材和教學方法，以支持學生的學習。假如有現成可以利用的媒體教材，可直接選用；若不完全適用，則可考慮修改或僅選擇性地應用其中片段。舉例來說，如果教師希望教授化學實驗的步驟，可以選擇使用實驗影像、互動模擬軟體或實驗室活動來展示和演示實驗過程。

四、U－使用教學媒體、教材和方法（Utilize media, materials, and methods）

根據選擇的教學媒體和方法，教師需要設計和使用相應的教學材料和資源，以進行實際的教學活動。舉例來說，在一堂地理課中，教師可以使用地圖、圖表、圖片和影像來呈現地理概念和地區特點。

五、R－驗證學生的學習（Require learner participation）

教師需要評估學生的學習成果，確保學生達到預期的學習目標，例如：透過測驗、作業、小組討論或完成實際任務等方式評估學生的學習狀況。

六、E－評估和改進教學（Evaluate and revise）

教師需要評估教學的有效性，蒐集學生和教師的回饋，並根據評估結果進行教學的調整和改進。

設計良好的學習目標ABCD

設計良好的學習目標ABCD

1.認識學習目標的分類
① 認知領域（Cognitive Domain）：強調知識性的問題。
② 情意領域（Affective Domain）：強調個人對於事物的感覺、情緒、態度、興趣、鑑賞等學習。
③ 技能領域（Psychomotor Domain）：強調心理及動作聯合的學習。

2.了解學習目標的層次
① 認知目標：包括記憶（Remembering）、理解（Understanding）、應用（Applying）、分析（Analyzing）、評估（Evaluation）和創造（Creative）。
② 情意目標：包括接受（Receiving）、反應（Responding）、意願（Valuing）、組織（Organizing）、內化（Internalizing）等。
③ 技能目標：包括知覺（Perception）、準備狀態（Set）、模仿（Imitation）、機械（Mechanism）、複雜反應（Complex）、創造（Origination）。

3.理解學習目標的敘寫方式（ABCD）
① 學習者（Audience）：「誰」要完成這項行為（如：學生）。
② 行為（Behavior）：包括證實達成目標的「實際行為」（如：寫出），以及確定目標是否達成的行為「結果」（如：一篇文章）。
③ 條件（Conditions）：完成行為的「有關條件」（如：在一小時的測驗中）。
④ 程度（Degree）：評估結果或行為成功的「標準」（如：答對百分之九十）。

4.學習目標敘寫舉例一（符合ABCD）
以地理科「交通」概念為例，「學生」Ⓐ 能在「臺北市交通地圖」Ⓒ上，「指出」Ⓑ「二項」Ⓓ 目前的「交通運輸」Ⓑ。

5.學習目標敘寫舉例二（符合AB）
以地理科「交通」概念為例，① 認知目標：「學生」能「認識」家鄉的「交通運輸發展」。② 情意目標：「學生」能「體會」交通運輸在「日常生活的重要性」。③ 技能目標：「學生」能「調查並記錄」家鄉「交通運輸的演變」。

資料來源：
1. Anderson, L. W., Krathwohl, D. R., Airasian, P. W., Cruikshank, K. A., Mayer, R. E., Pintrich, P. R., Raths, J., & Wittrock, M. C. (2001). *A taxonomy for learning, teaching, and assessing: A revision of Bloom's taxonomy of educational objectives.* Longman.
2. Krathwohl, D. R., Bloom, B. S., & Masia, B. B. (1964). *Taxonomy of educational objectives, the classification of educational goals. Handbook II: Affective domain.* McKay.
3. Dave, R. H. (1975). *Developing and writing behavioral objectives.* Educational technology publications.

Unit 1-12
教學策略的意涵

024

　　教學策略的擬定有助於確定學習的目標、內容和順序，以及教學活動和資源的選擇，從而明確引導學習的方向和進程（Ormrod et al., 2009）。顯見，教學策略的使用乃是整個教學活動實施順暢與否的關鍵，從而促進有效教與學的順利進行，對科技媒體融入教學而言亦然。那麼，什麼是教學策略（Instructional Strategies）？其重要性為何？

一、教學策略的意義

　　學者們對教學策略一詞的詮釋不一，Ormrod等（2009）認為，教學策略是教師在教學過程中選擇和組織教學方法、學習活動和資源的計畫和方法，這些策略旨在有效地促進學生的學習和達成教學目標。Dick等（2021）則主張，教學策略是教師在教學中所選擇和運用的結構化方法，以有效地傳授知識和培養學生的技能，這些策略可以包括教學活動的組織、資源的選擇、學生參與的方式等。Morrison等（2019）亦指出，教學策略是教師所採用的方法和技巧，以幫助學生達到預定的學習目標，這些策略涉及教師對於教學內容的組織和呈現方式，以及學生參與學習的方式和程度。由此可見，教學策略在整個教學歷程中的重要性不言可喻，它涉及教學內容的組織、教學方法的選擇、學習活動的安排、學習目標的達成，甚至學習資源的運用等要項。

二、教學策略的重要性

　　科技媒體融入教學時，教學策略運用的重要性大體包括（Hattie, 2011；Johnson & Johnson, 1999；Jonassen, 2011；Kebritchi et al., 2010；Ormrod, 2012）：

（一）增強學習動機與興趣

　　運用適當的教學策略和方法，結合科技媒體，可以提供多元化、互動性強的學習環境，激發學生的學習動機和興趣。

（二）提升學習成效

　　有效的教學策略和方法可以協助學生更深入地理解和應用所學知識，促進認知和技能的發展，從而提升學習成效。

（三）促進合作和互動

　　運用教學策略和方法結合科技媒體，可以創造合作和互動的學習環境，促進學生之間的合作、討論和知識分享。

（四）響應多樣化的學習風格和需求

　　不同的學生具有不同的學習風格和需求，運用多樣化的教學策略和方法，結合科技媒體，可以提供個別化的學習體驗，滿足學生的不同需求和學習風格。

（五）增進創造性思考和解決問題能力

　　運用適當的教學策略和方法，結合科技媒體，可以培養學生的創造性思考和解決問題的能力，鼓勵他們探索和創新。

教學策略、教學方法與教學活動的比較

教學策略、教學方法與
教學活動的比較

教學策略（**Instructional Strategy**）

教學策略是教師在教學過程中所採取的整體計畫或方法論，旨在達到特定的教學目標。它涉及到教學的整體組織和安排，包括教學方法、資源選擇、評量方式等。教學策略可以被視為教學的整體框架，以指導教師的教學活動。

教學方法（**Instructional Method**）

教學方法是教師在教學過程中所使用的具體方法或技巧，用於向學生傳授知識和培養技能。教學方法可以是教師主導的講授、示範，或是學生主導的合作學習、問題導向學習等。不同的教學方法適用於不同的學習目標和學生需求。

教學活動（**Instructional Activity**）

教學活動是教學過程中具體的行動或活動，包括教師和學生的互動和參與。教學活動可以是教師的講解、示範、問題解答，也可以是學生的討論、實驗、練習等。教學活動是教學過程中實際發生的事件或操作。

三者比較

1. 教學策略、教學方法與教學活動相較，它們彼此之間的位階從上到下依序是教學策略—教學方法—教學活動。
2. 教學活動的安排，會受到教學策略或教學方法的影響，而不同的教學策略或教學方法，教學活動的步驟也不盡相同。

資料來源：Ormrod, J. E., Schunk, D. H., & Gredler, M. E. (2009). *Learning theories and instruction* (Laureate custom edition). Pearson.

Unit 1-13
以教師為中心的教學策略

圖解教學科技與媒體

026

科技媒體融入教學的歷程，有哪些教學策略可以運用呢？Smaldino等（2012）在《教學科技與媒體》（*Instructional Technology and Media for Learning*）一書中，提到了科技與媒體融入教學的十大策略，其又可區分為由教師作為課堂「主導者」（driver）的以教師為中心的策略（teacher-centered strategies），以及由教師作為課堂「促進者」（facilitators）的以學生為中心的策略（student-centered strategies）。分述如下：

一、簡報（Presentations）

教師以口頭或視覺方式向學生傳達知識或資訊，通常使用投影片、多媒體或教學影片等媒體進行呈現。教師主導教學內容和結構，學生則負責接收和理解。舉例來說，教師使用投影片軟體（如Microsoft PowerPoint）來展示教學內容，包括文字、圖像和影片；或者教師錄製和分享教學影片，供學生在線上自主觀看；抑或教師利用實物投影機呈現照片細節、故事書內容，或是觀看毛毛蟲蛻變成蝴蝶的過程。

二、示範（Demonstrations）

教師實際示範特定技能或行為，讓學生觀察並模仿。教師演示正確的步驟、技巧或過程，以便學生能了解和學習，並能對實體的呈現加深印象。舉例來說，教師使用錄製的影片示範特定技能，讓學生在需要時反覆觀看並學習；或者教師於自然課時，示範數位顯微鏡的操作方式與技巧，給全班或小組學生觀看後練習。

三、練習（Drill-and-Practice）

這種策略著重於學生的重複練習和熟練特定的技能、知識或過程。教師提供學生進行大量練習的機會，以加強他們的學習效果。舉例來說，教師使用數位學習平臺或軟體，例如數學練習程式或語言學習應用程式，讓學生進行自主的練習和回饋；或者教師使用互動式電子白板，學生使用投票器來回應數學問題。

四、個別指導（Tutorial）

這種策略強調教師提供個別或小組的指導，以解釋、演示和引導學生進行學習活動。教師主導教學過程並提供適時的支援和指導，特別是當學生遇到學習困難或學習新教材時，需要額外的協助，個別指導尤顯重要。舉例來說，教師利用遠距教學工具，如視訊會議軟體，進行一對一或小組的遠距教學和教導；或者教師使用教學軟體或應用程式，提供互動式的教學導覽，讓學生按步驟進行學習活動並獲得即時的指導和回饋。

以教師為中心教學策略的優勢與限制

教學策略	優勢	限制
簡報	1. 組織性強：簡報可以提供結構化的教學內容，有助於學生理解和記憶。 2. 視覺呈現：使用圖像、圖表和影片等視覺元素可以增強學生對學習內容的理解和記憶。 3. 效率高：教師可以在相對短時間內傳達大量的知識和資訊。	1. 被動接受：學生在簡報中主要扮演被動接收者的角色，參與度較低。 2. 缺乏互動：簡報通常缺乏即時的互動和回饋機會。 3. 學生差異：無法因應學生不同的學習風格和能力，無法提供個別化的教學。
示範	1. 實際操作：示範能讓學生觀察並模仿教師進行實際操作，促進技能的獲得。 2. 反覆觀看：錄製示範可以供學生反覆觀看，有助於加深理解和練習。 3. 強調範例：示範提供了正確的範本，幫助學生理解預期的學習結果。	1. 缺乏個別化：示範通常無法根據個別學生的需要進行調整和個別指導。 2. 有限互動：示範中的互動通常是單向的，學生的問題和困難無法即時解決。 3. 複雜性限制：某些技能或過程可能過於複雜，無法完全透過示範理解。
練習	1. 自主練習：學生可以在自己的步調下進行練習，反覆練習以提升技能和知識。 2. 即時反饋：練習題通常提供即時的反饋，幫助學生了解錯誤和改進。 3. 提升熟練度：大量練習有助於學生建立技能的自信和熟練度。	1. 缺乏深度學習：練習可能偏向機械性的重複操作，缺乏深度理解和應用。 2. 一致性需求：練習需要提供統一的正確答案或模式，可能無法應付學生不同的解決方法或策略。 3. 學習動機：對於某些學生來說，重複性的練習可能缺乏吸引力和學習動機。
個別指導	1. 個別需求：個別指導可以提供個別化的指導和支援，根據學生的需要進行調整。 2. 即時反饋：個別指導過程中教師能夠即時提供反饋，幫助學生理解和改進。 3. 解答問題：個別指導提供了解答學生問題和疑惑的機會，促進學生的學習進展。	1. 需要人力資源：個別指導通常需要教師或專家提供，可能對教師時間和資源有一定的要求。 2. 學生依賴性：過度仰賴個別指導可能使學生產生依賴性，減少他們獨立解決問題的能力。 3. 群體大小限制：大型班級可能無法提供足夠的教導時間和資源，限制了其適用性。

資料來源：Smaldino, S. E., Lowther, D. L., & Russell, J. D. (2012). *Instructional technology and media for learning* (12th ed.). Boston, MA: Pearson.

Unit 1-14
以學生為中心的教學策略

圖解教學科技與媒體

028

接續Unit1-13以教師為中心的教學策略介紹，以下針對以學生為中心的策略例舉說明之。

五、討論（Discussion）

討論策略適用於交換想法或觀點，可以是生生之間，或是師生之間的討論。透過討論可以分享意見、觀點和知識，也可以互相學習、解決問題，促進批判性思考。舉例來說，教師可以利用線上討論平臺或社群媒體工具，例如討論板、社群媒體群組，供學生進行線上討論和交流；也可以利用概念構圖（concept-mapping）軟體記錄討論過程中產生的想法或議題。

六、合作學習（Cooperative Learning）

學生在小組中合作完成任務或專案，共同學習、解決問題和創造知識。透過合作學習，學生可以互相支援、分享資源和分工合作。舉例來說，教師運用線上協作工具或平臺，例如Google文件、共享雲端儲存和專案管理工具，方便學生在線上進行合作和共同編輯。

七、遊戲（Games）

遊戲化的教學策略乃是利用遊戲的元素和設計原則，以促進學習和培養學生的動機、參與度和技能。學生透過遊戲的互動和挑戰性任務，可以激勵他們使用問題解決技巧（problem-solving skills）找出解決方法。舉例來說，教師利用教育遊戲軟體或應用程式，例如語言學習遊戲、數學遊戲或科學模擬遊戲，供學生在遊戲中進行學習和挑戰。

八、模擬（Simulations）

模擬是透過虛擬或模擬環境來呈現真實情境，讓學生在安全且受控的環境中進行互動和學習。學生透過模擬情境的操作和體驗，能夠深入了解和應用所學的知識和技能。舉例來說，教師使用虛擬實境技術，模擬真實場景，例如醫學學習中的手術模擬或飛行模擬，讓學生在虛擬環境中進行實際操作和練習。

九、發現（Discovery）

發現式學習強調學生的主動參與和自主學習，通常透過提供資源和情境，讓學生自主探索、發現知識和尋找問題解決的策略。舉例來說，使用線上資源或數位學習平臺，讓學生進行自主的探索和發現學習，例如在網路上研究資料、閱讀相關文獻或觀看教育影片；又或者提供科學模擬軟體，讓學生進行虛擬實驗和觀察，以發現科學原理和現象。

十、問題導向學習（Problem-Based Learning）

問題導向學習是以問題為核心，讓學生透過解決真實或虛擬情境中的問題，探索相關知識和技能，並培養批判性思考和解決問題的能力。舉例來說，教師使用線上合作平臺或討論板，讓學生參與問題導向的學習活動，共同探討和解決現實生活中的問題；或者提供多媒體案例或情境模擬，讓學生分析問題、進行討論並找出解決方案。

以學生為中心教學策略的優勢與限制

教學策略	優勢	限制
討論	1. 知識分享：學生可以分享彼此的觀點、經驗和知識，擴大彼此的學習範圍。 2. 批判思考：鼓勵學生思考和評估不同觀點，培養批判性思維能力。	1. 參與度不均：某些學生可能不願或不敢發表意見，導致參與度不均。 2. 時間限制：在有限的教學時間內進行討論，可能無法涵蓋所有觀點和問題。
合作學習	1. 相互學習：學生能夠互相學習、互補優勢，提升學習成效。 2. 團隊合作：學生學習合作和溝通技巧，培養團隊合作能力。	1. 難以管理：合作學習可能涉及分組和協調工作，需要適當的管理和組織。 2. 個人貢獻不均：某些學生可能在合作中參與度不高，造成貢獻不均。
遊戲	1. 學習動機：遊戲具有吸引力和趣味性，能夠提升學生的學習動機和參與度。 2. 問題解決：遊戲中的挑戰和任務需要學生解決問題，培養問題解決能力。	1. 遊戲時間管理：遊戲可能需要花費較長的時間，需要適當的時間管理和結構安排。 2. 遊戲與現實連結：遊戲中學習的轉移和應用到現實生活中可能需要額外的銜接和引導。
模擬	1. 實踐經驗：學生可以進行真實情境的模擬和實踐，加強他們的實際應用能力。 2. 安全性：模擬環境提供了學習者在安全受控的情境中犯錯和學習的機會。	1. 成本和設施：建立和運用模擬環境可能需要昂貴的設備和資源。 2. 技術要求：學生需要熟悉操作模擬軟體和相關技術，這可能對某些學生構成挑戰。
發現	1. 自主學習：鼓勵學生主動尋求和建構知識，提升他們的自主學習能力。 2. 深度理解：強調對問題的探究和思考，促進學生對學習內容的深入理解。	1. 時間管理：學生可能需要更多時間進行自主學習和探索，這可能對教學進度和時間管理構成挑戰。 2. 學生導向：需要學生具備主動性和自我引導的能力，這對某些學生可能較為困難。
問題導向學習	1. 實際應用：以真實問題為核心，讓學生在解決問題的過程中學習和應用知識。 2. 問題解決能力：學生透過解決問題，培養批判思考、解決問題和創新的能力。	1. 需要支援：可能需要教師提供適當的指導和支援，以確保學生在學習過程中的有效進展。 2. 學習成果評估：問題導向學習的評估可能較為複雜，需要適當的評估方法來評估學生的學習成果。

資料來源：Smaldino, S. E., Lowther, D. L., & Russell, J. D. (2012). *Instructional technology and media for learning* (12th ed.). Boston, MA: Pearson.

第 **2** 章

科技媒體應用：行動學習篇

●●●●●●●●●●●●●●●●●●●●●●● 章節體系架構

行動學習的意涵

行動學習的資源例舉

行動學習的教學應用示例

Unit 2-1
行動學習的意義與特徵

圖解教學科技與媒體

032

近年來，行動科技（如智慧手機、平板電腦等）的發展日新月異，數位學習的模式也隨著網際網路和行動科技的普及有了很大的改變。從早期以桌上型電腦及有線網路為主的科技融入教學，演變至今日以行動載具及無線網路為主的行動學習時代（Liu & Hwang, 2010）。顯然，行動學習（Mobile Learning，簡稱M-Learning）可謂當前數位學習中最受重視的學習趨勢之一。那麼，什麼是行動學習？其意涵與特徵為何？

一、行動學習的意義

Quinn（2000）指出，行動學習就是透過行動運算裝置來進行學習，例如掌上型電腦、微軟作業系統、智慧手機等資訊裝置。Behera（2013）主張，行動學習有時也稱為移動學習，是透過使用小型便攜式設備完成的學習，包括智慧手機、個人數位助理（PDA）和類似的手持設備。其進一步強調，行動學習將可隨時隨地透過使用移動技術來獲取任何知識和技能，導致行為的改變。Shepherd（2001）亦強調，行動學習不只是數位化，它還具有移動的特性，藉由輕便的行動學習裝置及無線網路環境，提供了一種真正資訊隨手可得的機會。Hwang與Tsai（2011）進一步詮釋，由於行動與無線通訊科技的特性，學習活動的形式及範圍也有了很大的不同，不再受限於電腦教室，而是由一般教室內的活動，延伸到教室外的其他場域，例如：校園、圖書館、博物館、植物園、古蹟等。總括來說，行動學習係將行動載具設備（device）運用於領域教學的一種學習方式，基於行動科技可移動的特性，其較過去其他科技支援學習的策略，愈加不受時間與空間的限制。

二、行動學習的特徵

綜合學者們（Kukulska-Hulme & Traxler, 2007；Kukulska-Hulme et al., 2009；Pachler et al., 2010；Sharples, 2000）對行動學習的見解，茲將行動學習的特徵條列如後：

（一）可移動性（Portability）

行動學習利用行動設備（如智慧手機、平板電腦）實現學習的可移動性，使學習者可以隨時隨地進行學習。

（二）即時性（Immediacy）

行動學習提供即時的學習經驗，學生可以立即接觸到學習資源、訊息和互動，並即時獲得回饋。

（三）個殊性（Personalization）

行動學習可以根據學生的個人需求、興趣和學習風格提供個人化的學習經驗和內容，以提高學習效果。

（四）互動性（Interactivity）

行動學習促進學生之間的互動和合作，以及學生與教師、學習資源之間的互動，提供豐富的互動學習經驗。

（五）媒體多樣性（Multimedia）

行動學習利用多媒體技術，如影像、聲音、圖像等，提供多樣化的學習資源和學習經驗。

我國行動學習的歷史發展

我國行動學習的
歷史發展

2000年代初
在2000年代初，我國開始關注數位學習
和電子學習的發展，並積極採用電腦和
網路技術改進教學。

2010年代
隨著智慧手機和平板電腦的普及，我國
開始將行動學習引入教育領域。教育部
也積極推動行動學習相關計畫，鼓勵學
校和教師採用行動學習技術。例如：教
育部於2014年起，著手進行「國中小行
動學習推動計畫實施方案」，鼓勵學校
善用資訊設備發展以「學習者為中心」
之多元創新教學模式，藉此推動及評估
行動學習在教學上應用之可能。

近年發展
我國的行動學習發展在近年來取得了顯
著進展。教育部推出了多個行動學習相
關計畫和政策，並提供資源和培訓以支
持教師和學生在行動學習中的應用。例
如：我國教育部於2021年底，宣布投入
200億元預算，推動為期四年的「班班
有網路，生生用平板」的數位學習精進
方案。

資料來源：筆者整理。

Unit 2-2
行動學習的優點與缺點

拜行動科技的發展，行動學習讓教與學不再侷限於傳統的課室當中，增添了教學的靈活性與互動性。然而，沒有任何完美無缺的教學模式或教學方法；將此一新興的教學模式融入教學中，除對教師的教學構成挑戰外，對學習者而言，亦將衍生其他的衝擊與問題。綜觀學者的見解（黃國禎、洪駿命，2014、薛慶友、傅潔琳，2015a；Ally, 2009；Behera, 2013；Corbeil & Valdes-Corbeil, 2007；Grant et al., 2015；Kukulska-Hulme & Traxler, 2007），茲將行動學習的優點與缺點陳述如後：

一、行動學習的優點

（一）提高學習的動機

行動學習藉由豐富的媒體素材與資源，可以吸引學習者更熱衷於學習。此外，利用遊戲化和獎勵機制來增加學習的樂趣和動機，激發學習者的主動性和積極性。

（二）提供學習的靈活性

行動學習可以隨時隨地進行，教學者可以根據教學目標或教學內容決定學習的場域或方式；學習者可以根據自己的時間和地點進行學習，提供了更大的學習靈活性。

（三）強化學習的互動性

行動學習可以透過同步與非同步的溝通方式，促進學習者之間的互動和合作，例如：透過社群軟體、討論區和即時通訊等工具，學習者可以進行互動與交流、分享與回饋。

（四）符應個別化的學習

行動學習可以根據學習者的需求和興趣提供個別化的學習經驗和資源，能夠更好地滿足學習者的個人差異。

（五）產出豐富多元的作品

在行動學習過程中，不論是個人創作或小組協作，藉助行動科技軟體兼有文字、影像、繪圖、美編等多元功能，能夠促發學習者的想像、表達與協作能力，進而創造多元豐富的作品或學習成果。

二、行動學習的缺點

（一）技術的限制

行動學習的實施需要相應的技術基礎和設備支持，對於一些學習者和學習環境來說，可能存在技術的限制，例如：載具可能過時、軟體只適用於某些型號、網路連接限制等。

（二）學習差距的擴大

對於不諳行動科技工具操作的學習者來說，行動學習的歷程可能需要更多額外的練習，才能增進個人使用行動科技的能力；若載具運用能力不足，勢將擴大其與善用科技學習者的學習差距；甚者，在團體學習或協作過程中被同儕孤立。

（三）注意力分散

行動學習的歷程可能受到許多外界的干擾，例如：軟體的通知訊息、社群媒體的互動、應用程式的廣告等，容易使學習者分散注意力，影響學習的效果。

（四）學習效果的不確定

儘管行動學習有許多潛在的優點，但學界對於行動學習效果的具體影響仍存在諸多爭議，有些研究顯示正面效果，有些則顯示中立或負面效果，有待進一步深究。

行動學習與傳統學習的比較

比較項目	行動學習	傳統學習
學習環境	可以在任何時間和地點進行，包括室內和室外環境。	通常在學校、教室或特定的學習場所進行。
設備使用	利用行動載具（如智慧手機、平板電腦）來存取數位教材和學習應用程式。	主要使用紙本教材、筆記和教學工具。
學習方式	強調學習者的主動參與和自主學習，提供互動和探索的學習經驗。	以教師為中心，講授知識和指導學習。
學習資源	透過網路連接存取豐富的數位資源，如網路資源、電子書、網路課程等。	依賴於紙本教材和教學資源。
學習回饋	通常可以提供即時的學習回饋和評估，學習者可以立即知道自己的學習進展和理解程度。	學習回饋和評估通常有延遲。

資料來源：修改自 Pachler, N., Bachmair, B., & Cook, J. (2010). *Mobile learning: Structures, agency, practices*. Springer.

Unit 2-3
行動學習的類型

行動學習已成為科技化學習的重要趨勢之一，那麼，在實際教學活動當中，行動學習該如何進行？呈現的樣貌或型態為何呢？參酌學者們的觀點（Chang et al., 2003；Kapp, 2012；Rambe, 2012；Wu et al., 2013），以下依學習情境的安排與學習活動的規劃加以區分說明。

一、依學習情境安排區分

（一）室內個人行動學習

此種行動學習模式可在具有行動載具與無線上網的室內環境中實施，例如：在教室內請學習者利用行動載具上網進行資料蒐集；或者於室內展館參觀，請學習者掃描QR Code，將展覽品的解說資訊傳遞到學習者的行動載具中。

（二）戶外個人行動學習

此種行動學習活動必須有戶外的無線上網環境配合，例如：當學習者利用行動載具配合全球衛星定位系統（GPS），能將戶外考察的建築、橋梁、運輸設施等資訊顯示給學習者參考。

（三）室內合作行動學習

此種行動學習模式可以在傳統教室中進行，透過行動載具與無線上網環境，學習者可以分組進行討論，經由小組成員間的協作及與無線科技間的多元互動，合作來達成任務，例如：教學者指派學習者利用線上協作軟體蒐集資料進行專題報告。

（四）戶外合作行動學習

此種行動學習模式可以在戶外教學情境下進行，配合無線上網環境，學習者利用行動載具透過合作的方式來完成學習任務、資料的蒐集與意見的交流等。

二、依學習活動規劃區分

（一）基於位置的行動學習（Location-based Mobile Learning）

利用全球衛星定位系統（GPS）和其他位置感知技術，將學習與特定地點或場所相結合，例如：參觀博物館時，學習者利用行動載具進行相關的學習體驗。

（二）基於社群媒體的行動學習（Social Media-based Mobile Learning）

利用社群媒體平臺和工具進行學習和知識分享，例如：學習者透過社群媒體平臺與同儕和教師進行互動、討論與合作，從中獲取學習資源或支援。

（三）基於遊戲化的行動學習（Gamified Mobile Learning）

將遊戲元素和機制應用於行動學習中，以增強學習者的動機和參與度，例如：學習者透過線上遊戲化的學習活動獲得成就、獎勵和競爭。

（四）基於虛擬實境的行動學習（Virtual Reality-based Mobile Learning）

利用虛擬實境技術，提供沉浸式的學習環境和體驗，例如：學習者利用行動載具和虛擬實境頭盔等設備，參觀虛擬博物館或進行虛擬實驗。

以學習方法區分的行動學習類型

探究式
擴展過去的戶外教學活動，透過行動與通訊科技的應用，提供個人化的現場探究活動引導、支援、評量及回饋。

混合式
配合學校現有課程，融入行動與通訊科技的應用，包括傳統課堂教學、教室內的行動學習、教室外的無所不在學習。

行動學習的類型，另以學習方法運用區分

專題式及合作式
透過行動與通訊科技的應用，加強同儕及師生的互動，一同進行課堂協作或專題討論。

備註
行動學習的實施可考量：課程運用（如現有課程或外加課程）、實施情境（如室內或戶外）、學習者安排（如個人或小組）、實施方式（如混合式或專題式）等要項。

資料來源：Hwang, G.-J., & Tsai, C.-C. (2011). Research trends in mobile and ubiguitous learnimg: A review of publications in selected journals from 2001 to 2010. *British Journal of Educational Technology*, *42*(4), E65-E70.

Unit 2-4
行動學習的教學設計

資訊科技融入教學，就是如何將資訊科技與教學方法及策略相結合，其中的關鍵就是「教學設計」（沈中偉、黃國禎，2012），鑒於行動學習係以行動科技作為課程與教學發展的主軸，故唯有透過審慎的教學設計與規劃，方能提升行動學習教與學的成效。綜合學者們的見解（黃國禎、洪駿命，2014；薛慶友、傅潔琳，2015a；Koole, 2009），茲將行動學習教學設計考量的要素說明如後：

一、學習目標與內容

在行動學習教學中，唯有透過明確學習目標的擬定，方能將行動學習中所欲傳達的知識、技能或態度，以及相關的學習內容傳遞給學生。特別依Bloom所揭示的教育目標分類來看，因應行動科技的融入，教學者應致力於將學習者的學習導向高層次目標領域的發展。

二、學習者特徵

身為行動學習教學者，在教學前應先行了解學習者的背景、先備知識、興趣和學習風格，以便設計適宜的學習活動，提供學生進行行動學習。特別是針對不熟悉科技工具運用能力的學習者來說，教學者若貿然運用難度較高的行動科技，勢將導致行動學習效果大打折扣。

三、設備與技術基礎

在行動學習教學活動實施前，教學者應仔細考慮學習者可使用的行動設備和相關技術基礎（如：學習者對於行動載具或應用程式的掌握與熟悉程度），以確保教學設計能與學習環境相容。

四、學習環境和情境

教學者在進行教學設計時，宜審慎考慮學習發生的環境和情境，例如室內、室外、公共空間等，以適宜地設計相應的學習活動供學生學習。

五、學習活動與策略

行動學習具有即時性、互動性、移動性等諸多特性，因此，教學者在進行教學設計時，可設計互動和合作等多元的學習活動，或運用多樣的學習策略，以促進學習者之間的互動、討論和合作，以及與教學者的互動，藉此呼應行動學習的要旨。

六、學習評量與回饋

在行動學習進行前，教學者宜利用或設計適當的評量工具和策略，提供即時的評估和個別化的回饋，藉此掌握學生的學習進程與了解學生的學習效果，例如：利用即時反饋系統（IRS）檢測學生的課堂學習情形，或者設計線上測驗評量學生的學習成效。

以上要素提供了行動學習教學設計的基本架構，惟實際的教學設計宜根據具體的學習情境和師生需求進行調整和應用。

行動學習的教育目標

提供便利的學習環境
行動學習旨在提供彈性和便利的學習環境，讓學習者可以在任何時間和地點進行學習。

增進學習動機和參與度
行動學習利用行動設備和多媒體資源，提供多樣化的學習體驗和互動，以提高學習者的動機和參與度。

強調主動學習和自主學習
行動學習鼓勵學習者主動參與學習過程，自主探索和建構知識。

促進跨學科學習
行動學習可以提供多樣的學習資源和工具，促進學生跨學科知識的學習和應用。

培養技能和能力
行動學習可以提供實踐和應用的機會，培養學生的技能和能力，例如問題解決、創造力、合作力等。

提供即時反饋和評估
行動學習可以提供即時的學習反饋和評估，讓學習者可以迅速了解自己的學習進展和理解程度。

資料來源：Pachler, N., Bachmair, B., & Cook, J. (2010). *Mobile learning: Structures, agency, practices*. Springer.

Unit **2-5**
行動學習的教學策略

　　教學策略係指教師在教學過程中，根據學科特點、學生需求和學習目標，選擇和運用合適的教學方法，以促進學生的學習效果和發展（Ormrod et al., 2009）。是以，透過有效教學策略的運用，將有助於學生在行動學習中學習成效的達成。茲將行動學習可資運用的教學策略例舉如後。

一、微學習（Microlearning）

　　是一種以小單元、短時間、高效率的方式進行的學習方法。它通常以小片段的學習內容，例如短片、小篇幅文章、小測驗、遊戲等形式呈現，讓學習者在短時間內快速吸收知識或技能（Buchem & Hamelmann, 2010）。例如：教學者可以利用行動學習應用程式或平臺存取微學習內容，指派學習者進行短期的學習；抑或安排小測驗或問題，檢測他們對學習內容的理解和記憶。

二、問題解決（Problem-solving）

　　指的是一種思考和行動過程，用於解決困難、挑戰或未知情況下的問題。它涉及辨別問題、蒐集相關資訊、分析問題、制定解決方案，並評估和實施這些方案的過程（Mayer, 2021）。例如：教學者提出開放性問題，引導學習者利用行動學習應用程式主動蒐集資訊、提出假設、實驗和評估解決方案。

三、合作學習
（Collaborative Learning）

　　是指學習者在小組或團隊中共同合作，透過交流、互動和共同建構知識，實現共同學習的過程。它強調學習者之間的互動、合作和互相支持，以達到更深入的學習和知識共享的目的（Johnson & Johnson, 1999）。例如：在行動學習中，學習者可以使用協作工具或共享平臺，共同創作內容，如共同編寫文章、共同製作影片等。

四、數位說故事
（Digital Storytelling）

　　是一種利用數位媒體工具和技術來創作和分享故事的方法。它結合了故事性和數位媒體的元素，通常以圖像、聲音、文字和影像等形式來呈現故事（Robin, 2008）。例如：學習者可以使用行動學習應用程式或數位工具創作自己的數位故事，分享他們的觀點、經驗和學習成果。

五、遊戲化學習
（Gamification in Learning）

　　是指將遊戲元素和遊戲設計原則應用於學習環境中，以提升學習的參與度、動機和成效（Kapp, 2012）。例如：教學者利用行動學習應用程式設置積分和獎勵系統，學習者只要完成學習任務、答對問題或達成學習目標即可獲得積分或獎勵。

六、心智構圖（Mind Mapping）

　　是一種圖形化的思考工具，用於組織和呈現思想、概念和訊息。它以中心主題為起點，透過分支和連結，將相關的想法和觀念結構化呈現在一個圖形化的形式中（Buzan, 2003）。例如：在行動學習中，學習者可以使用心智構圖來記錄和探索主題的相關知識，建立概念之間的關聯，並將學習內容分解成易於理解和記憶的部分。

行動學習欲培養的能力

數位素養
行動學習使用數位技術和工具，培養學生的數位素養，包括資源搜尋、評估、整理和運用數位資源的能力（Kukulska-Hulme, 2010）

協作交流能力
行動學習環境促進學生之間的合作與交流，學生可以透過行動設備上的社群媒體、討論區或協作工具進行互動和知識分享，培養協作與交流能力（Roschelle & Pea, 2002）

自主學習能力
行動學習鼓勵學生在自主學習的環境中主動探索和學習，培養他們的自主學習能力和學習策略（Pachler et al., 2010）

行動學習欲培養的能力

創造力和創新思維
行動學習環境提供了創造和創新的機會，學生可以使用行動設備和應用程式進行創作和表達，培養創造力和創新思維（Sharples et al., 2007）

問題解決能力
行動學習提供學生解決問題的機會，他們可以透過行動設備蒐集資訊、分析問題並提出解決方案，培養問題解決能力（Bacca et al., 2014）

Unit 2-6
教學App的意義與功能

圖解教學科技與媒體

042

在行動學習中，Chik（2014）的研究曾指出，行動載具本身不會是學習的工具，必須要搭配像App這樣的程式輔助，才能夠提供完整的行動學習環境。顯見，App在行動學習中好似催化劑的角色，讓行動學習的效能得以發揮。那麼，什麼是App？其在行動學習中又具有哪些功能？

一、教學App的意義

行動應用程式（Mobile Application，以下簡稱App）通常是指設計用於行動裝置（如智慧手機和平板電腦）運行的軟體應用程式。它們可以在行動操作系統上運行，如iOS、Android、Windows Phone等，提供各種功能和服務，包括娛樂、通訊、教育、健康、商業等（Rouse, 2020）。其中，教學App是指專為教育和學習目的而設計的應用程式，通常運行在行動裝置上，這些應用程式提供各種教育內容、學習活動和互動功能，不但可以為學生提供互動式的學習經驗，還可以幫助教師追蹤學生的進展，監控學生的參與度（Lamonte, 2023）。顯見，在行動學習中，教學App的使用才是整個行動學習推動的重要關鍵，否則學習者配有再好的行動載具也是枉然。

二、教學App的功能

那麼，教學App的使用在行動學習中可以發揮哪些功能呢？綜觀學者們的見解（Booton et al., 2023; Liaw, 2008; Pynoo et al., 2011），摘述如下：

（一）提供學習資源

教學App可以提供豐富的學習資源，包括教學影像、文本內容、圖片和音頻等，以便學生在行動設備上方便地瀏覽和學習。

（二）互動和參與

教學App通常具有互動元素，如測驗、問答、拖放等，讓學生能夠積極參與並與學習內容進行互動，從而加強學習效果。

（三）個別化學習體驗

教學App可以根據學生的興趣、學習風格和能力提供個別化的學習內容和建議，以滿足學生的需求，提高學習效果。

（四）即時反饋

教學App可以提供即時的學習反饋，讓學生能夠立即知道自己的答案正確與否，從而改進學習策略和提高學習效果。

（五）學習管理和進度追蹤

教學App可以幫助學生管理他們的學習進度，追蹤已完成的學習內容，並提供提醒和提示，以確保他們按時完成學習任務。

（六）協作和社群互動

一些教學App具有社群互動功能，允許學生之間進行交流、討論和共享學習資源，這種協作和社群互動可以促進合作學習和知識共享。

教學App提供的教育內容例舉

教材和學習資源
教學App可以提供各種教科書、教材、閱讀資料、手冊和參考資源，以及支持學生的學習（Sharples et al., 2015）

教學影像
教學App可以提供錄製的教學影像，包括教師講解、實驗演示、示範操作等，以便學生觀看和學習（Mengori & Dumlao, 2019）

虛擬實驗和模擬
教學App可以提供虛擬實驗室和模擬環境，讓學生進行實驗操作、模擬情境和觀察結果，以增強學習體驗（Sharples et al., 2015）

互動教學活動
教學App可以設計各種互動教學活動，如互動遊戲、問答競賽、討論區等，讓學生積極參與並與教學內容互動（Liu & Correia, 2021）

練習題和測驗
教學App可以提供各種形式的練習題和測驗，例如填空題、選擇題、配合題等，讓學生進行學習回饋和評估（Mengori & Dumlao, 2019）

Unit **2-7**
教學App運用的優點與限制

　　拜行動科技的發展，教學App的利用爲教師的教學與學生的學習，帶來了諸多的功能與效益。除前述提到的諸多功能外，筆者另歸納學者們的研究與看法（李宜紛，2015；黃芳蘭，2015；葉律妤，2013；Dragonflame et al., 2021；Kim et al., 2013；Robledo, 2012；Sung et al., 2016；Teodorescu, 2015），概述教學App運用於行動學習歷程的優點。此外，事物均有一體之兩面，教學App的使用亦有若干限制需要注意。

一、教學App運用的優點

（一）靈活和便利
　　教學App的學習可以根據學生的時間和地點進行自主學習，提供了靈活和便利的學習方式，眞正達到學習是可以帶著走的（Learning on the go）的優勢。

（二）多元與互動
　　教學App融入教學，讓教學的方式變得更爲多元，不再只是單向的知識傳遞；學生亦可利用適合各科的教學App於課前預習、課後複習，更可於課堂上透過App與教師進行學習的互動。

（三）多媒體教學
　　教學App結合了多媒體元素，如影像、音頻和圖片等，除了提供豐富多樣的教學資源，更能使學習內容變得生動有趣，提高學習的吸引力和效果。

（四）學習回饋與評估
　　課堂上如果想要立刻知道學生學到了多少，可以利用即時反饋的教學App進行線上評量，以選擇題、是非題或問答題的方式，立即蒐集學生的回答，藉此掌握學習的成效，並評估學生對於學習內容的理解程度。

二、教學App運用的限制

（一）技術限制
　　教學App的使用可能受到技術限制，例如不同設備之間的相容性問題、設備性能的限制、軟體版本的更新以及網路連接問題，這些都可能影響到學習體驗的穩定性和流暢性。

（二）廣告和成本
　　使用免費版本的教學App，使用者只能使用有限的功能，且要一直忍受第三方的廣告干擾，在沒有把關的情況下，勢必影響其教育功能。至於付費使用的功能或是付費版本的教學App則會增加教學上的成本負擔。

（三）學習動機問題
　　一些學生可能對教學App缺乏足夠的動機和紀律，在操作教學App時容易分散注意力或無法持續進行學習，這可能影響到學習的效果。

（四）社交互動限制
　　若將教學App窄化爲個人學習的形式，這可能限制了學生之間的交流和合作，讓學生缺乏面對面的社交互動和合作學習的機會。

選擇教學**App**時，可以考慮的因素

1. 教學目標：確定你的教學目標是什麼，以及你希望學生透過App完成什麼樣的學習成果。

2. 學習內容：確保教學App提供適合你教學內容的資源和教材，以支持學生的學習。

3. 互動功能：檢查教學App是否具有互動功能，如問答、討論區或協作工具，以促進學生的互動和參與。

4. 學生需求：考慮學生的學習需求和學習習慣，選擇對他們而言易於使用和具有吸引力的教學App。

5. 技術要求：確認教學App所需的技術要求和兼容性，確保學生可以順利登入和使用該App。

6. 教學支援：評估教學App是否提供相應的教學支援，如指南、教學示例或技術支持，以幫助教師和學生順利使用。

7. 評估和監控：了解教學App是否具有評估和監控功能，以追蹤學生的學習進度和成果。

資料來源：筆者整理。

Unit 2-8
教學App的種類（一）

圖解教學科技與媒體

行動應用程式（App）可說每日推陳出新，教學App的種類亦可謂五花八門，身為教學者該如何從為數眾多的教學App中找到適用的呢？筆者參酌學者們的分類（蔡銘修，2014；薛慶友，2022b；Martin et al., 2020）、全國教學App市集（http://appmall.edu.tw/），以及個人使用經驗，嘗試歸納出四大類的教學App臚列說明如後。

一、畫面分享（管控）類

傳統課室的資訊融入教學，係以教室桌機或筆電搭配投影機播放教學畫面，此時教學者必須侷限在電腦旁以方便操作。在行動學習中，若運用畫面分享（或管控）類教學App，教師可以自由地在課室各個角落，利用行動載具（如平板）遠端遙控電腦畫面供學生觀看，或者轉換電子白板功能，在行動載具上即時書寫教學內容投影出來，如Doceri；抑或將教師行動載具的畫面，以類廣播的方式即時傳遞給學生的行動載具，讓師生同步掌握教學進度，不遺漏任一個教學內容片段，如Nearpod；又或者在教師指派學習任務後，即時監督與控管學生操作行動載具的畫面，讓學生能專注於學習活動，另對於分心的學生，也能即時鎖住載具畫面給予提醒，如課堂。這些App各有其獨特的功能，教學者可依個別的教學目的或需求加以自由運用。

二、班級經營類

傳統的班級經營，不論是親師生溝通、回家作業指派、學生作業或作品分享、個人獎懲紀錄，多以文字（如聯絡簿）、面談或電話等形式聯繫或交流，過程中，難免因各種原因而導致效率（如錯過時間）或效益（如說不清楚）打了折扣。目前有愈來愈多班級經營類的教學App，可供教師在教學現場班級經營中善加利用，如ClassDojo、Classting、Classcraft、Seesaw等，這些App多可跨平臺使用（如iOS、Android、網頁版），且兼有文字、圖片、影片、檔案、教學工具（如計時器、選號器、出缺席紀錄等），與後臺管理的功能，可以讓教學者依班級情境或個別需求，彈性且靈活地加以應用，包括記錄班級學生生活、建立班級學習任務、公告班級訊息（如回家作業）、登記班級獎懲與出缺席紀錄，以及親師生私訊與溝通等，真正符應Kynäslahti（2003）所謂行動學習的方便性（convenience）、適宜性（expediency）與立即性（immediacy）等三項特徵。

全國教學App市集介面與功能（以臺北市為例）

全國教學App市集介紹

1.
範圍：涵蓋全國22縣市的教學App資源，市集首頁可選擇想要觀看或搜尋的縣市資源點選進入。

2.
介面：各縣市教學App市集介面一致，以臺北市為例，畫面上方有「市集首頁」、「最新消息」、「教育大市集」、「主題學習App地圖」、「App推薦」、「App專文」、「教學影片」、「課程設計」、「我的貢獻」、「個人資料」、「其他服務」與「教師登入」等功能選單。

3.
分類：使用者可依「最新」、「Android、Chrome、Apple」、「國小、國中、高中職」、「領域（包括國語文、英文、數學、社會、自然、健康、體育、資訊、藝術、其他）」等類別，搜尋個人感興趣或想要使用的教學App。

4.
介紹：使用者點選任一教學App後，可以看到針對這個App的詳細描述，例如：軟體名稱、學習領域、適用年段、適用載具、作業系統、推薦者、主題學習APP地圖、App專文、課程設計、教學影片、應用程式說明、教學使用方法或心得等內容。

資料來源：新北市教研科資教股（2012）。全國教學**App**市集。http://appmall.edu.tw/Default.aspx

Unit 2-9
教學App的種類（二）

圖解教學科技與媒體

048

接續Unit2-8關於教學App種類的介紹，以下針對另二大類的教學App例舉說明之。

三、教學應用類

傳統課室的教師教學，往往以教師單向講述、學生被動聆聽的模式進行，久而久之，勢將導致學生學習倦怠，甚至對課堂學習產生無聊感，失去學習的動機與興趣，淪為課室學習的客體而非主體。目前教學應用類的教學App可說琳瑯滿目、不勝枚舉，若能應用在課室教學中，訴求的是學習者能主動參與、動手做與做中學，定將擺脫傳統教學的桎梏與窠臼，翻轉課室學習的氣氛。筆者根據App的描述、功能與產出，嘗試歸納出九小類的教學應用類App：（一）知識學習：如VoiceTube、Duolingo、Epic；（二）心智構圖：如MindMapper、Xmind、Mindomo；（三）筆記創作：如Evernote、NoteLedge、GoodNotes；（四）故事創作：如Book Creator、Com-Phone Story Maker、TinyTap；（五）簡報製作：如Canva、Keynote；（六）影像創作：如樂秀、Spark Video、iMovie、SlideStory；（七）動漫創作：如Comic & Meme Creator、My Talking Avatar Lite、Toontastic；（八）線上協作：如Padlet、Miro、Jamboard；（九）虛擬與擴增實境：如Expeditions Pro、AR2VR、Artivive、Makar。這些教學App各有其特色、功能與適用時機，端看教學者的教學目標或學習需求決定使用為何。惟相同的是，這些教學App的使用，需要學習者在學習歷程中展現如理解、探索、討論、溝通、組織、統整、合作、實作、創造等多元素養與能力。

四、評量設計類

傳統課室的學習評量，在單元結束或考前複習時，教師往往以紙筆測驗給予學生施測，檢視學生的學習成效。待考卷批改完後，再發還給學生，必要時施予檢討訂正。此一歷程除了可能耗費大量的金錢與資源（如購買紙張、影印）外，亦可能欠缺時效性，無法即時掌握學生的學習效果。當前評量設計類的教學App亦頗為多元，筆者嘗試歸納出三小類：（一）及時反饋系統（interactive response system，簡稱IRS）：係課堂中教師藉助行動載具（如手機、平板）與學生互動，讓學生可以及時反饋資訊給教師的一種評量應用程式，如Kahoot、Socrative、Quizizz、Plickers；（二）數位遊戲評量（digital game assessment）：此類教學App係採遊戲介面的設計，如配對遊戲、拼字遊戲、隨機輪盤、打地鼠等，考驗學習者的記憶與反應速度，如Quizlet、Word Wall；（三）數位學習平臺（e-learning platform）：早先係將平面教材數位化以網站的形式呈現，爾後部分也發展成App的形式供跨平臺使用，以中文化界面為例，如學習吧、Cool English、PaGamO等皆是。這些教學App或平臺，教師可依課堂、領域或教學個別需求，擇取加以運用，更重要的是，其皆有強大的後臺管理功能，可以充分發揮評量診斷、檢核、追蹤、檢討等諸多功能。

教學者可依Bloom的認知教學目標選用教學App

記憶（Remembering）規準
符合此階段的App在於提高使用者定義名詞、識別事實、回憶和定位訊息的能力，要求使用者從選項中選擇一個答案、排序內容或輸入答案，如：Show me、Quick Sketch。

分析（Analyzing）規準
符合此階段的App能提升學習者判斷相關和不相關，確認關係和識別內容組織的能力，如：Simplemids、Numbers、Data Analysis。

理解（Understanding）規準
符合此階段的App能為學生解釋想法或概念提供機會，讓學生以開放的形式摘錄或說明學習內容，如：Keynote、Evernote、Prezi。

評鑑（Evaluating）規準
符合此階段的App可以提高學習者根據自己或外部來源設定的標準來判斷資料或方法的能力，同時幫助學生判斷內容的可靠性、準確性、特性，並做出明智的選擇，如：TED、Moodle、Showbie。

應用（Applying）規準
符合此階段的App能為學生提供機會展現他們實踐自己習得的程序和方法的能力，同時強調能在不熟悉的情況下應用概念的能力，如：Pages、OneNote、iDesign。

創造（Creativing）規準
符合此階段的App能為學生提供形成想法，設計方案和創作的機會，如：iMove、Book、Creator、Toontastic。

資料來源：Carrington, A. (2016). *The Padagogy Wheel V4.1.* https://designingoutcomes.com/assets/PadWheelV4/PadWheel_Poster_V4.pdf

Unit 2-10
行動學習對師生帶來的轉變

相較於傳統課室學習，行動學習具有主動性、積極性、靈活性、互動性、個別化、多元性等諸多優勢，然而，對於不熟悉科技融入教學或習慣傳統課室學習的師生來說，勢必帶來若干的衝擊與挑戰。綜觀學者們的見解（黃國禎、洪駿命，2014；薛慶友、傳潔琳，2015a； Corbeil & Valdes-Corbeil, 2007；Kukulska-Hulme & Traxler, 2007；Pachler et al., 2010；Sharples et al., 2007），茲將行動學習對教師教學與學生學習帶來的轉變歸納整理如後：

一、教師教學方面

（一）教師角色的轉變

行動學習使教師從傳統的知識傳授者轉變為學習的引導者和支援者，在教學歷程中，教師需要適時擔任學習指導與引導的角色，提供學生個別化的支援和指導，鼓勵學生自主學習和探索。

（二）教學資源的擴展

行動學習使得教師可以獲得更多的教學資源和教材，包括數位教材、教學影像、線上測驗等，教師可以利用這些資源提供更豐富和多樣化的學習內容，提高學生的學習興趣和參與度。

（三）教學方法的多元

行動學習提供了多元的教學方法和工具，教師可以運用行動學習平臺、多媒體資源、互動應用程式、線上討論等方式來促進學生的學習；也可以根據學習目標和學生的需求，靈活選擇和結合不同的教學策略進行教學。

（四）學習管理的改進

行動學習平臺通常具備學習管理系統，教師可以追蹤學生的學習進度、評估學習成果，並提供個別化的回饋和指導。這使得教師能夠更有效地管理學生的學習，並根據學生的需求進行個別化的教學。

二、學生學習方面

（一）學習的彈性和便利性增加

行動學習可以讓學生隨時隨地進行學習，不再受限於傳統的教室環境；也可以在自己方便的時間使用行動學習工具和資源，進行個人化的學習。

（二）學習的互動性和參與度提升

行動學習提供了豐富的互動和合作機會，學生可以透過討論、協作和共享來互相學習和支援；也可以透過行動應用程式或平臺與同儕和教師進行交流和合作，提升了學習的參與度。

（三）學習的資源和豐富性增加

行動學習透過數位科技的應用，提供了豐富多樣的學習資源和工具，學生可以透過網路搜索、應用程式和多媒體內容獲取所需的知識和資訊，從而擴大了學習的廣度與深度。

（四）學習的個別化和自主性增強

行動學習提供了個別化的學習環境，學生可以根據自己的學習風格和節奏進行學習；也可以自主掌握學習進度，重複學習困難的內容，並根據自己的需求調整學習策略。

行動學習運用的挑戰

教學者數位教學與設計能力
教師是行動教學主體，而非附屬於行動載具的客體，故行動學習需奠基於教師良好的教學設計與數位運用能力，教師行動教學技能的缺乏，將降低行動學習的成效；而行動載具的過度依賴，亦將貶低教師在教學歷程的地位（薛慶友、傅潔琳，2015a）。

學習者技術能力
學生需要具備基本的技術能力和數位素養，以有效地使用行動學習工具和應用程式，而某些學生可能需要額外的支持和練習，以克服技術上的困難（Kukulska-Hulme & Traxler, 2007）。

學習動機和自律性
由於行動學習的靈活性和自主性，需要學生具備良好的學習動機和自我管理能力，否則可能出現學習拖延或缺乏學習紀律的問題（Hung, 2011）。

技術要求和故障問題
行動學習需要使用各種技術工具和設備，例如智慧手機、平板電腦等，教師和學生可能面臨技術要求和故障挑戰，例如設備設定、網路連接、軟體相容性等問題（Hung, 2011）。

Unit 2-11
畫面分享（或管控）類—Doceri

圖解教學科技與媒體

052

本書將「Doceri」歸類為畫面分享（或管控）類App，目前研發者提供Doceri for Windows與Doceri for iPad兩種版本，教學者可依個人載具分別在Microsoft Store（windows系統）與App Store（iOS系統）搜尋「Doceri」安裝此App，它可提供一般教學者做電子白板或遠端遙控電腦之用。

一、註冊或登入方式介紹

以iPad使用為例，教學者並不需要任何註冊或登入方式，點選Doceri App後，畫面出現「from my iPad alone」和「through a computer」二種路徑，教學者若需電子白板用途，可直接選取前者；若是要遠端遙控電腦（如教室桌機），則選取後者，惟使用前，可利用任一搜索引擎下載Doceri相關軟體，包括Doceri_Desktop_setup與Java等軟體，安裝完成後才能與iPad連線使用。

二、操作介面與功能說明

如果教學者選擇「from my iPad alone」路徑，進到專案主畫面後，工具列位於主畫面正上方，包括：專案（Projects）、錄製（Recording）、背景圖案（Background Patterns）、相機或圖庫（Place Image）、分享（Export）、繪製工具、增加頁面、復原、完全清除、設定、結束專案等功能鍵。其中，「專案」儲存教學者開發過的專案，可重複叫出使用。「錄製」除了可同步錄製教學者電子白板書寫畫面外，亦可於錄製後在檔案管理區選擇檔案分享或上傳YouTube。「背景圖案」提供各種樣式的背景圖供教學者使用，如：白板或黑板、各種尺寸的方格紙、世界或洲地圖、五線譜、各種材質的紙張等；或者，教學者也可選擇個人圖庫照片或自行拍攝照片當作電子白板的背景，端看教學者依個人授課需求自由選擇。至於「分享」方式，則提供分享目前頁面或轉換成PDF資料頁面等二種形式，教學者可彈性運用。

其次，教學者若選擇「through a computer」路徑，一旦電腦軟體安裝完畢並與iPad連線完成後（電腦與iPad同個網域），教學者可透過手中載具（如iPad），遠端遙控桌機或筆電桌面畫面，舉例來說，教學者將個人授課簡報（如PPT）放置桌機或筆電桌面，可在教室各個角落透過iPad開啟簡報供學習者觀看，不需侷限在電腦旁操作；或者，教學者將電子教科書在電腦端安裝完畢後，可攜帶iPad遊走教室各空間，並同步操作電子書教學內容，供教師教學與學生學習，真正充分發揮行動學習「移動性」的特性。

Deceri App操作介面與功能

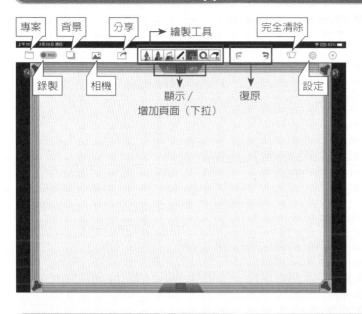

專案　背景　分享　→ 繪製工具　　　　　完全清除

錄製　　相機　　　　顯示／　　　復原　　　設定
　　　　　　　　　增加頁面（下拉）

5分鐘認識Doceri

想一想，Deceri App可以做什麼？

教師可同步錄製教學過程，即時上傳雲端或YouTube。

教師可用電子白板取代板書講解教學內容。

教師課前預錄教材，上傳班級網站或學習平臺，供學生課前或課後觀看。

教師遠端遙控電腦，播放教學簡報。

教師遠端播放電子教科書，師生同步進行教與學。

資料來源：筆者整理。

Unit 2-12
畫面分享（或管控）類—課堂

　　本書將「課堂」歸類爲畫面分享（或管控）類App，目前研發者提供教學者可在iPad或Mac上使用此App，教學者可在App Store（iOS 系統）搜尋「課堂」後安裝使用，它可協助教師查看學生的學習進度、指導學生的課業，以及分享學生的學習成果。

一、註冊或登入方式介紹

　　以iPad使用爲例，教學者並不需要任何註冊或登入方式，但必須透過學校網管（如資訊組長或載具管理教師）在管理平臺後臺進行設定才可使用。首先，網管人員命名班級或教室名稱，並依載具序號輸入各使用者名稱（Username），如A001~A032；接著，確定各使用者名稱代號是「教師用」或是「學生用」，如：A001~A030是學生使用（學生機）、A031與A032是教師使用（教師機）；最後，持有教師機的教學者，使用載具登入課堂App後，即可看到隸屬在該班級或教室下的所有使用者代號。基本上，課堂App的使用是「認機不認人」，第一次設定完成後，教學者即可依序將iPad分發給學生使用（如代號A001給班級1號學生使用，以此類推），換成下一班使用，仍可以此模式進行，不用重新設定。

二、操作介面與功能說明

　　登入課堂App後，教學者可以選擇「完整」或「分割」畫面的呈現方式，如果是後者，左邊畫面可以觀看基本資料，如：班級學生數、離線人數、使用各App人數等；右邊畫面則顯示班級下的所有使用者名稱（如A001~A030）。工具列位於主畫面（或右邊畫面）正上方，從左至右，包括：打開、導覽、共享、隱藏、鎖定、靜音、結束班級、選取等功能鍵。其中，「打開」可以指定全體學生瀏覽某個App（如Safari）；「導覽」則可以指定全體學生瀏覽某個畫面，二者都可以鎖定學生只能瀏覽該App或畫面，無法逕自跳離。「共享」則可以請學生透過iPad內建的AirDrop功能，將作業即時分享給老師。至於「隱藏、鎖定、靜音」等功能，一如字義，教學者可依需求針對全體學生給予規範。

　　除上述整體功能外，教學者亦可針對個別學生給予動作，做法是教學者點選個別學生使用者代號後，主畫面會跳出一視窗，揭示打開、導覽、檢視螢幕、隱藏、鎖定、靜音、登出、AirPlay等功能，教學者可依個別需求點選任一功能加以運用，例如：請A001代號同學導覽某個畫面，或者AirPlay個人學習成果或作業到教室大螢幕，供全體師生觀看。

「課堂」App操作介面與重要功能

打開　導讀　共享　　隱藏　鎖定　靜音

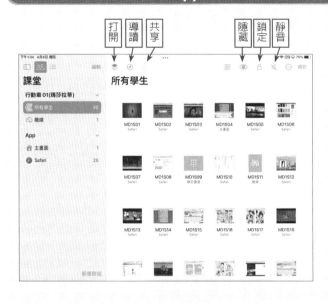

5分鐘認識「課堂」

想一想，課堂App可以做什麼？

教師開啟「螢幕檢視」功能，查看個別學生瀏覽的內容。

要求學生透過AirDrop繳交學習成果或作業給老師。

指定畫面讓學生專注在任何App、網站或書籍上。

教師依個別需求，隱藏、鎖定或靜音學生畫面。

學生透過AirPlay展示小組或個人作業到教室大螢幕。

資料來源：筆者整理。

Unit 2-13
畫面分享（或管控）類—Nearpod

圖解教學科技與媒體

056

本書將「Nearpod」歸類為畫面分享（或管控）類App，目前研發者提供Android與iOS兩種版本，教學者可依個人載具分別在Play商店（Android系統）與App Store（iOS系統）搜尋「Nearpod」安裝此App，另外也有網頁版可運用，它可提供一般教學者做教材建置與布題，並透過類廣播的功能，開啟師生畫面同步。

一、註冊或登入方式介紹

以網頁版使用為例，教學者進入Nearpod網站後，可點選教師身分免費註冊，註冊方式可選擇Google、Office 365、Clever、ClassLink等帳號，或輸入學校公用Email註冊。註冊後，即可選擇前述註冊帳號登入網站首頁開始使用，例如：以Google Email帳號登入。

二、操作介面與功能說明

進入Nearpod主畫面後，教學者可以點選中間或右上角「Create」創建一個新課程，課程種類計有「創造」（Create）、「互動」（Interactive）、「測驗與遊戲」（Quizzes & Games）、「討論」（Discussions）等四類。其中，「創造」可製作投影片或幻燈片，也可上傳教學者已製作好的PDF檔、簡報（PowerPoint）、圖像（Images）、音頻（Audio）等；「互動」可以透過影像（Video）、網頁內容（Web Content）、3D、VR、模擬（Simulation）等與學習者互動；「測驗與遊戲」可以編製測驗（Quiz）、繪製（Draw It）、填空（Fill in the Blank）、記憶題（Memory Test）、配對（Matching Pairs）等題型，給予學生施測；「討論」可以運用協作板（Collaborate Board）、自動聽寫字幕（Flipgrid）、票選（Poll）、開放式問題（Open-Ended Question）等活動，增進師生互動。

上述課程或活動可以單獨進行，也可以混合運用編製成一份教材，例如：教材中融合了簡報、網頁、開放式問題、測驗、配對遊戲等，端看教學者依教學需要做彈性多元的運用。一旦教材編製完成存檔後將回到網站主畫面，教學者找到剛剛編製完成的教材，點選「儲存改變」（Save Changes）後，該檔案將出現「Live Participation」和「Student-Paced」二個路徑，如果教學者選擇前者，當學生在載具端（如平板）輸入「Code」和「姓名」後，教學者的課程畫面將和學習者的載具畫面同步（類似廣播的功能），教學步調完全由教學者掌控，學生循序漸進地學習；反之，如果教學者選擇後者，學習者將依個人的學習步調進行學習。是故，Nearpod可謂一兼具「教師中心」（Teacher-Centered）和「學生中心」（Student-Centered）的應用程式，運用方式端看教學者依課堂需要選擇之。

Nearpod操作介面與功能

5分鐘認識Nearpod

創建　快速發起

Nearpod還有什麼功能？

網頁版左側或App版的「Reports」，可以讓教學者觀看所建立課程的運用資料。

網頁版右上角的「Quick Launch」，可以讓教學者快速使用開放式問題（Open-Ended Question）、計時（Timer）、協作板（Collaborate Board）等功能。

網頁版左側的「Nearpod Library」或App版的「Explore」，可以讓使用者依年齡、科目、內容屬性等項目，蒐集他人建立好的課程，並開放下載與修正使用。

開放下載的課程，以科目為例，包括：英語、數學、社會、自然、資訊科技、音樂、藝術、健康與體育、世界語言、歷史等，非常多元。

資料來源：筆者整理。

Unit 2-14
班級經營類—ClassDojo

本書將「ClassDojo」歸類為班級經營類App，目前研發者提供Android與iOS兩種版本，教學者可依個人載具分別在Play商店（Android系統）與App Store（iOS系統）搜尋「ClassDojo」安裝此App，另外也有網頁版可運用，它是一兼具文字、圖片、影片、檔案、教學工具（如計時器、選號器、出缺席紀錄等），與後臺管理功能的應用程式。

一、註冊或登入方式介紹

以網頁版使用為例，使用者進入ClassDojo網站後，可選擇教師、家長、學生或學校行政身分註冊，註冊方式可輸入個人基本資料（如姓名）與Email帳號、密碼，即可免費註冊。註冊後，再次選擇身分別與填入註冊時的Email帳號、密碼，即可順利登入網站首頁。

二、操作介面與功能說明

以「教師」身分進入ClassDojo主畫面後，可以創建一個新的班級。在新班級頁面的左上方分別有「教室」、「Portfolios」、「Class Story」、「訊息」等四個功能，其中，「教室」可以讓教學者建立班級學生名單，並出現代表全班學生的可愛頭貼，方便教師做課堂教學的加減分紀錄，即時與學生互動；在「Portfolios」可以讓教師建立班級學習任務，學生可依指派任務利用載具上傳作業（如影像檔），親師生也可觀摩他人作品後在留言區點讚或評論；在「Class Story」可以利用文字、圖片、影像、檔案等方式記錄班級生活

的大小事，親師生同樣可觀看後在留言區點讚或留言；在「訊息」畫面可以和家長連結，公告班級訊息（如回家作業），也可以和家長個別私訊。

其次，在右上方「Options」可以編輯教室資訊、查看報表（如學生當月出缺席和獎懲狀況）、邀請家長、學生與教師加入班級、重置與顯示設定等，便於教師管理。其中，編輯教室資訊包括Info、學生、Families、Skills、Teachers、Settings等基本功能，特別在「Skills」部分，教學者可依個人需要或班級規定自行輸入班級學生的「正向鼓勵」（如努力認真）與「需要改進」（如上課干擾）指標，並設定加分與扣分點數，期能發揮班級經營積極正向管理的功效。此外，主畫面正下方還有Toolkit、出缺席、Select multiple、抽籤挑選器、計時器等各類工具，方便教師課堂教學時依個人需求即時選用。具體而言，教學者若能將ClassDojo運用在班級經營中，或能適時協助教師做好親師生溝通、作業指派、學生作品分享、個人獎懲紀錄等事宜。

ClassDojo操作介面與功能

5分鐘認識ClassDojo

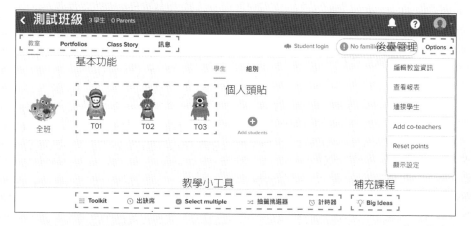

ClassDojo還有哪些功能？

學生加入班級後，一開始個人頭貼是以一顆「蛋」的形式呈現，點選孵化後，可以透過網站提供的圖像更改個人的「外表」（如眼睛）或「服飾」（如帽子），客製化個人頭貼，增添樂趣與歸屬感。

家長和學生如果要加入班級，前者教師可透過Email和電話發送邀請連結，或列印網站提供的邀請函，讓家長輸入密碼（Code）加入；後者可透過掃描QR Code或點選邀請連結的方式加入，方式非常多元。

網站或App中的「Toolkit」，還提供了包括計時器（Timer）、抽籤（Random）、隨機分組（Group Maker）、測噪音（Noise Meter）、列表討論（Directions）、討論題（Think Pair Share）、公布欄（Today）、音樂（Music）等教學小工具。

網站中的「Big ideas」，提供了「社會和情感學習」（Social and emotional learning）、「創造力」（Creativity）等動畫課程，並提供討論問題，可供教師相關教學使用。

資料來源：筆者整理。

Unit 2-15
班級經營類—Classting

圖解教學科技與媒體

本書將「Classting」歸類為班級經營類App，它是一個跨平臺的應用程式（包括iOS、Android、網頁版），教學者可依個人載具分別在Play商店（Android系統）與App Store（iOS系統）搜尋「Classting」安裝此App，也可透過網頁註冊登入使用，它可以提供使用者貼文、公告、相簿管理與作業安排，功能非常多元。

一、註冊或登入方式介紹

以網頁版使用為例，Classting的註冊途徑甚為廣泛，例如：使用Kakao、Google、Naver、Whalespace、Apple等帳號，學生也可透過代碼註冊。註冊後，再次選擇與註冊時相同的帳號與密碼登入；又或者利用註冊時留下的手機號碼，或以使用者的名稱登入，即可順利進入Classting。登入後，選擇組織（如○○高中）、輸入班級名稱、西元、年級與介紹（選項），就可創建一個新的班級。

二、操作介面與功能說明

當以「教師」身分創建班級進入Classting主畫面後，上方有「所有」、「Announcement」、「作業」、「畫廊」等四個功能，其中，「Announcement」指的是各種公告，包括文字、圖片、影像、附檔、連結等。「作業」指的是教學者指派的任務或作業，除文字說明外，可以搭配前述各類媒體（如圖片）作補充；此外，可以設定暫存不指派、作業繳交期限、選擇分發目標、設定分數值等功能；接著，作業發布後，教學者可以即時觀看作業讀取人數、作業提交狀態，以及評論或回饋意見等。「畫廊」則是儲存發布過的照片與影像，方便班級成員隨時觀看或下載利用。

其次，畫面左上方圖示點選後，除出現前述功能外，另出現「邀請成員」、「班級設置」、「我參與的空間」等功能。其中，「邀請成員」揭示班級代碼與二維條碼，可影印或複製連結，邀請班級學生與家長加入。「我參與的空間」則是類似資料夾的概念，教學者可以創建各種空間，將公告分門別類管理，方便往後搜尋或回顧。另外，畫面右上方「信息」功能，是班級親師生個別互動與交流的空間，使用者可以透過文字、圖像、附檔等多元方式進行溝通，也可以利用載具（如手機）進行免費語音對話，真正發揮行動載具與應用程式雙向溝通和即時互動的特性，讓班級經營不再受到時間與空間的限制。

Classting操作介面與功能

5分鐘認識Classting

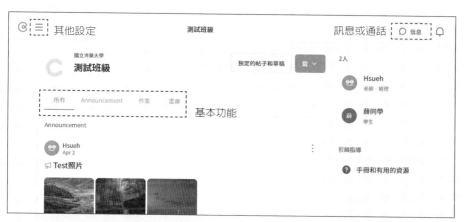

基本功能

Classting還有哪些功能？

Classting非常強調應用程式空間的組織與管理，使用者可創建100個空間，也可為每個空間進行詳細設置，比如是否開放、參與成員、是否允許書寫等，靈活運用於班級中。

Classting提供各種培訓計畫，對此班級管理程式有興趣的學校或教師，可以申請或線上參與各種培訓課程。

在「班級設置」中，對於舊班級或課程，教學者可以選擇「封存課程」，暫時保留不再使用或已過期的課程，需要時再撤銷；也可以「關閉班級」，課程中的所有貼文和信息將被刪除。

班級內創建的所有紀錄都可在「紀錄」功能中按日期查看，也可以下載、複製和刪除記錄。

資料來源：筆者整理。

Unit 2-16
班級經營類─Seesaw

　　本書將「Seesaw」歸類為班級經營類App，它是一個跨平臺的應用程式（包括iOS、Android、網頁版），教學者可依個人載具分別在Play商店（Android系統）與App Store（iOS系統）搜尋「Seesaw」安裝此App，也可透過網頁註冊登入使用，它可以提供使用者安排班級活動或者上傳學生作品，並將學生的學習歷程紀錄保存下來。

一、註冊或登入方式介紹

　　以網頁版使用為例，進入Seesaw頁面後，可以選擇教師、學生、家長或學校行政人員的身分進行註冊，註冊方式可以使用Google帳戶或一般Email進行註冊。註冊後，再次選擇與註冊時相同的帳號與密碼，或者利用「ClassLink」登入，進入Seesaw主畫面。接著，點選主畫面左上方個人帳戶名稱處，可以創建一個新的班級。

二、操作介面與功能說明

　　當以「教師」身分進入Seesaw主畫面創建班級後，教學者可利用右下角「+Students」與「+Families」邀請學生與家長加入班級，前者教學者可預先建置好班級學生名單，再請學生透過「QR code」或者「text code」尋找個人姓名加入班級；後者教學者可藉由Email或電話號碼發送訊息，或下載邀請函提供「QR code」或「Invite Link」邀請家長加入。一旦學生或家長加入班級後，將會看到個人所屬的資料夾，或孩子的學習內容。

　　其次，在主畫面偏右上方有個「+Add」的圖示，點選後出現「Post Student Work」與「Assign Activity」二個功能，就前者來說，教學者可以透過「Photo」（相機）、「Drawing」（繪畫）、「Video」（錄影）、「Upload」（上傳）、「Note」（筆記）或「Link」（連結）等方式分享學生作品；就後者而言，教學者可以配合上述方式創建一個新活動，當學生端接到作業訊息後，可以選擇上傳的類別，例如：靜態相片、動態錄影、隨手塗鴉、雲端硬碟等。一旦教師審核完作業，按「Approve」後，作品即可公開，其他同學或家長可以在作品下方給予按讚或回饋。

　　此外，在主畫面偏左上方還有「Messages」和「Library」二個選單，「Messages」提供「New Announcement」與「New Coversation」二項功能，教學者可以向全班發出公告，也可以進行個別或群體對話。至於「Library」除了呈現教學者發起的各項活動外，也可以看到並運用Seesaw提供的各年級免費課程，例如：閱讀、數學、英語、自然、科技、社會等，各課程附有動畫或學習單可資利用。簡言之，Seesaw是一個非常適合作為學生學習成果資料存放的應用程式。

Seesaw操作介面與功能

5分鐘認識Seesaw

建立班級　　公告與訊息　　課程

上傳作品
發起活動

邀請學生與家長

Seesaw還有哪些功能？

「Activities」可以提供教師指派各種作業或任務，也可以依日曆檢視各活動，或者封存不需要或過期的活動。反之，學生可以透過「Activities」檢視教師發起的作業或任務，並依作業規範繳交作業。

「Journal」可以提供學生個人或教師檢視學生上傳的各類作品或作業，如圖片、影像、塗鴉等，也可給予作品按讚、評論或歸類（設定與存放資料夾）。

若是付費版本，「Progress」可以提供教學者掌握學生完成班級任務或作業的情形（誰完成誰沒完成），也可追蹤學生某項技能的精熟情形（免費版可使用60天）。

「Notifications」提供教學者掌握某階段時間的重要資訊，包括：個人或全班作業繳交情形、按讚人數、評論人數、家長拜訪班級人數等。

資料來源：筆者整理。

Unit 2-17
教學應用類─知識學習（Epic）

圖解教學科技與媒體

本書將「Epic」歸類為教學應用類中的「知識學習」類App，它是一個跨平臺的應用程式（包括iOS、Android、網頁版），教學者可依個人載具分別在Play商店（Android系統）與App Store（iOS系統）搜尋「Epic: Kids' Books & Reading」安裝此App，也可透過網頁註冊登入使用，它是一個專為孩子提供數位圖書和學習資源的線上平臺，透過引人入勝的故事和豐富的圖文內容來促進孩子的閱讀和學習。

一、註冊或登入方式介紹

以網頁版使用為例，進入Epic頁面後，可以選擇家長、學生或教師身分進行註冊，若是以教師身分註冊，會要求輸入若干基本資料，如學校名稱、地址、所在縣市、職稱、任教年級等等，再輸入學校提供的教師Email即可順利註冊登入。

二、操作介面與功能說明

當以「教師」身分進入Epic，有超過四萬本的各類圖書資源可以免費使用。在主畫面正上方從左至右分別有首頁（Home）、探索（Explore）、我的圖書館（My Library）與我的學生（My Students）等功能連結，以「探索」（Explore）為例，有英語語言藝術（English Langugae Arts）、科學與藝術（Science & Arts）、社交情感學習（Social Emotional Learning）、社會科（Social Studies）、數學（Math）、語言（Langugaes）等六大類的科目與主題圖書資源可供選擇，也可以依推薦（Recommended）、閱讀等級（如AR）、漫畫（Comics）、讀給我聽（Read to Me）、影像（Videos）、有聲讀物（Audiobooks）等類別選擇想要的圖書。其中，「閱讀等級」（如AR）將圖書按難易度從0到7分成八個閱讀等級，使用者可依個人程度循序漸進地探索不同閱讀難度的圖書資源。

筆者試著選讀網站內的圖書，除了文字版可由讀者自行閱讀外，另有許多有聲讀物可以利用，一是讀本搭配自動翻頁與朗讀的「Read to Me」；另一是由真人導讀與領讀的「Videos」；還有只提供書的封面搭配語音說故事的「Audiobooks」，給予讀者閱讀方式的多元選擇。此外，提供文字版的讀本，遇到不熟悉的字彙，可以直接點選查詢字義與讀法；而部分讀本亦在文末提供「Quiz Game」，透過文意測驗培養讀者閱讀理解能力。總括來說，Epic提供的圖書資源非常多元且豐富，包含市面上找得到的故事書、繪本、學習資源和互動式書籍，網站顯示適合的對象從2至12歲，但這是英語系國家的標準，拿到國內來看，純文字的圖書閱讀字數多應該到高中生都還適合！

Epic操作介面與功能

5分鐘認識Epic

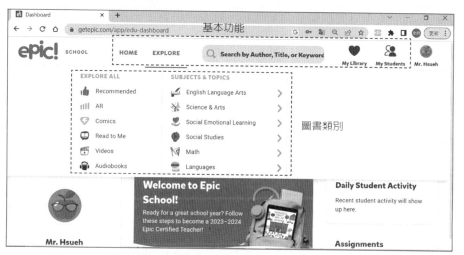

Epic還有哪些須知？

Epic教育帳號：Epic的教育帳號是免費的，但教育帳號下附屬的學生，有限制上課（上班）的時間才能無限使用，學生放學時間之後，會有讀本選擇與閱讀數量的限制，教師拿來進行學科融入或英文教學時可多加留意。

創建班級：Epic可在主畫面「My Students」中加入班級學生名單與分組，並連結家長的電子郵件，供親師了解學生（孩子）的學習狀況，包括每日與總閱讀時間、閱讀書籍名稱與數量、作業完成與測驗結果等資訊。

班級管理：Epic可在主畫面「Home」中進行班級管理，例如：班級的相關設置、教師的認證、學生每日活動的查看、作業的指派等，方便教師管理與經營班級的閱讀活動。

收藏圖書：Epic可在主畫面「My Library」中收藏個人喜愛的圖書，例如：最愛的圖書（Favorites）、收藏的圖書（Collections）、主題圖書（My Topics）、最近閱讀（Recent）等，方便讀者管理、搜尋或追蹤個人喜愛或讀過的圖書系列。

資料來源：筆者整理。

Unit 2-18
教學應用類—心智構圖（MindMapper）

　　本書將「MindMapper」歸類爲教學應用類中的「心智構圖」類App，它是一個跨平臺的應用程式（包括iOS、Android、網頁版），教學者可依個人載具分別在Play商店（Android系統）與App Store（iOS系統）搜尋「MindMapper」安裝此App，也可透過網頁下載軟體安裝使用，它可以提供使用者創建一般的心智圖，並可透過圖片或PDF的形式分享出去。

一、註冊或登入方式介紹

　　以iPad使用爲例，使用者並不需要任何註冊或登入即可快速使用MindMapper。惟也可在進入應用程式頁面後，點選左上角「≡」圖示，選擇「Connect to Google Account」，利用個人Google帳號登入，目的是可以將生成的心智圖透過存檔與上傳雲端，方便在不同平臺或不同載具重複打開檔案編輯利用。

二、操作介面與功能說明

　　進入MindMapper主畫面後，眼前呈現的是一張當月的月曆，使用者可以方便在月曆中記載與查看個人逐日的行事、約會或備忘錄。當使用者點選右上角的圖示，可以進入到MindMapper操作介面，再點選左上角「≡」圖示，可以選取「New Map」開始編輯，或者點選「Open」找出之前存在載具或雲端的檔案重複編輯。

　　以「New Map」操作來說，點選後會跳出要使用者輸入「File Name」的視窗，命名後即會出現以該檔名爲首的橢圓形圖示，點選該圖示即會出現「+」和「－」的符號，「+」代表新增一個圖文框；「－」則表示刪除，以此類推，讓使用者可以快速地繪製一張心智圖，功能淺顯易懂，沒有複雜的操作流程或步驟，非常容易上手。完成心智圖後，不用任何存檔動作，檔案自動存在載具中。另使用者也可點選畫面正上方「▼」圖示，依個人需求，選擇「傳送」（Send）、「圖樣」（Map Style）、「刪除」（Delete）、「存檔」（Save）、「另存」（Save As）或「關閉不存檔」（Close Without Saving）等功能。以「傳送」（Send）爲例，使用者可以透過Mail選擇傳送原始檔案、圖片檔或PDF檔，也可透過雲端直接輸出列印。

　　此外，點選左下角MindMapper App圖示後，還出現若干功能，諸如：改變心智圖中文字、圖文框或背景的顏色、改變圖文框的形狀與線條粗細、改變心智圖的樣式與呈現風格，以及圖文框中插入各種數字或表情符號等，端看使用者依個人需要可隨時調整改變。總之，MindMapper是一款功能單純、操作簡單的心智圖應用程式，非常適合初學者使用。

MindMapper操作介面與功能

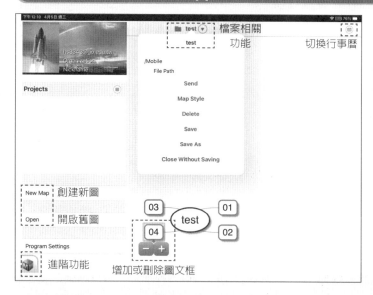

5分鐘認識
MindMapper

認識心智圖

定義：心智圖是一種全腦式的思考技術，其定義包括（Buzan, 2003）：1.紙張中央以具體圖像呈現思考的主題；2.從中心圖像的主題中，延伸出幾個主要概念，記錄在放射性支幹；3.每一個延伸的放射性支幹僅以關鍵圖像或關鍵字表達單一概念；4.高層概念之下包含次要的概念。5.所有的支幹形成節點的結構。

由來：心智圖是由英國的Tony Buzan於1970年代提出的一種輔助思考工具。心智圖透過在平面上的一個主題出發畫出相關聯的對象，像一個心臟及其周邊的血管圖，故稱為「心智圖」（Green, 2021）。

特點：一張典型的心智圖應具備四個基本要素（楊大宇，2013）：1.左右腦兼備；2.圖和文表徵；3.關鍵的訊息；4.顏色的運用。

運用：心智圖的運用時機甚為廣泛（陳麗華，2002）：1.教學前段，它可用來預習和整理教材的基本概念，或作為學生學習前起點行為的評量策略；2.教學中，它可依教材內容的性質，讓學生採個別或分組的方式，以不同的概念圖示釐清教材的主要概念以及概念間的關係；3.教學後，它更可當作評量策略，以檢核學生所獲得的概念是否具有清晰性、邏輯性、完整性或正確性等。

資料來源：筆者整理。

Unit 2-19
教學應用類—心智構圖（XMind）

圖解教學科技與媒體

068

本書將「XMind」歸類為教學應用類中的「心智構圖」類App，它是一個跨平臺的應用程式（包括iOS、Android、網頁版），教學者可依個人載具分別在Play商店（Android系統）與App Store（iOS系統）搜尋「XMind」安裝此App，也可透過網頁下載軟體安裝使用，它可以提供使用者創建多元樣式的心智圖，並可透過圖片或PDF的形式予以分享。

一、註冊或登入方式介紹

以iPad使用為例，使用者並不需要任何註冊或登入即可快速使用XMind。惟也可在進入應用程式頁面後，點選右上角齒輪圖示，利用個人Email帳號註冊後登入，登入後可以使用Xmind的全部服務。

二、操作介面與功能說明

進入XMind主畫面後，點選右上角「＋」的符號，即可創建一個心智圖，使用者可以選擇套用內附範本，也可以新建空白心智圖。以點選「新建空白心智圖」為例，進入編輯頁面後，會出現一個範本，範本正上方有五個基本功能，包括：創建關聯線、增加圖文框、強調圖文框（虛線樣式）、備註、插入等。其中，「插入」功能，可針對任一圖文框插入標籤、註解、網頁連結、主題連結、附件、錄音、相片、相機、方程式、繪畫等，XMind提供的物件非常多元，可以讓使用者依個別需求選擇使用。

其次，主畫面右上方還有簡報、插入圖例、主題架構與設定、分享和輸出等功能。其中，「插入圖例」包含各式圖標（如標記、星星、人像、符號等等）、貼圖（如商務、教育、旅遊、情緒、旅遊等等）、插圖（如生產力、旅遊、假日、飲食等等），不一而足。至於「主題架構與設定」（筆刷圖示）亦提供非常多的功能，例如：主題（形狀、底色填滿樣式、底色、長度）、邊框（樣式、寬度、顏色）、文字（字體、大小、顏色）、簡報模式（風格、寬高比例、顯示選項）、主題架構、風格配色、圖面樣式等，以免費版來說，幾乎可以滿足所有使用者的一般需求。

此外，Xmind的最大特色，在於「主題架構」提供了包括「心智圖」、「邏輯圖」、「括弧圖」、「組織圖」、「樹狀圖」、「時間軸」、「魚骨圖」、「樹型表格」與「表格圖」等各種圖例，相較目前市面上與心智圖有關的軟體，Xmind的功能可謂十分豐富，係一全方位的心智圖應用程式。

Xmind操作介面與功能

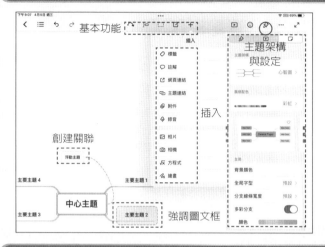

5分鐘認識Xmind

心智圖的類型有哪些？

連結相關概念的圖示：以一個概念或主題為中心，加以組織，由中心向外發展的概念圖示，如：蛛網圖（spider maps）、階層圖（hierarchical maps）。

因果關係的概念圖示：可用來檢視事件的形成過程或問題，並可配合時間的發展順序來構圖，如：因果鏈圖（causal chain map）、魚骨圖（fishbone）。

評估想法的概念圖示：可以幫助學生進行主題、價值或事件的評估，以利學生分辨異同與統整，如：權衡秤（weighing scales）和環扣圖（venn diagrams）。

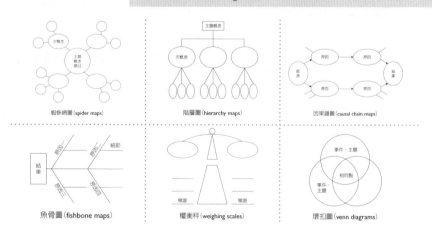

資料來源：陳麗華（2002）。教學特性與策略。黃炳煌（主編），社會學習領域課程設計與教學策略（頁193-256）。臺北市：師大書苑。

Unit 2-20
教學應用類—筆記創作（NoteLedge）

圖解教學科技與媒體

本書將「NoteLedge」歸類為教學應用類中的「筆記創作」類App，它是一個跨平臺的應用程式（包括iOS、Android、Windows），教學者可依個人載具分別在App Store（iOS系統）、Play商店（Android系統）與Microsoft Store（Windows系統）搜尋「NoteLedge」安裝此App，它擁有強大的多媒體功能，讓使用者可以在筆記中加入PDF、照片、影片、錄音，以及繪圖，是一款數位筆記軟體。

一、註冊或登入方式介紹

以iPad使用為例，免費版NoteLedge不用註冊或登入即可逕自使用，惟若註冊登入，即可獲得2GB的免費雲端空間，並可跨雲端同步使用。至於註冊方式，進入NoteLedge後，點選右上角齒輪圖示，可選擇用Apple、Google、Facebook帳號或其他方式（如Twitter帳號）註冊，收到認證信後點選連結，即可順利註冊並採同樣方式登入即可使用。

二、操作介面與功能說明

進入NoteLedge主畫面後，點選右下角「+」的符號，可選擇「新增筆記」或「從雲端匯入筆記」，以前者而言，點選進入後是一空白頁面，右上角分別有匯出、增加頁面、瀏覽全部頁面、選擇紙張樣式、基本功能（如匯出、簡報、複製與刪除頁面）等選項。其中，免費版的「匯出」功能，只可選擇JPG格式，付費版才可選擇PDF格式。而「簡報」功能，除了可以使用螢光筆畫記和雷射筆外，還可錄製簡報頁面與內容，並儲存和分享。

其次，點選編輯頁面，正下方即會出現「文字」、「筆刷」、「圖片」、「影片」、「表格」、「錄音」與「貼圖」等功能鍵，除貼圖須付費版才可使用外，其餘功能免費版皆可正常使用。其中，「文字」可隨心所欲地放大、縮小與移動文字框；「筆刷」有鋼筆、滾筒、毛筆、螢光筆等選擇（後二者付費版才可使用）；「圖片」可從照片輸入或自行拍照；「影片」除可從照片輸入與錄影外，還可從YouTube等頻道匯入；「表格」可透過直欄與橫列等設定，插入使用者想要的規格大小，並能在表格內輸入文字或隨意移動至頁面適當位置；「錄音」鍵點擊後即可開始錄音，並可隨意移動錄音圖示至頁面適當位置。

總括來說，NoteLedge是一功能十分完善的數位筆記軟體，除兼具各種多媒體功能外，也可在完成筆記創作命名後上傳雲端空間，並加到個人行事曆中，可讓使用者隨時掌握筆記創作的歷程。

NoteLedge操作介面與功能

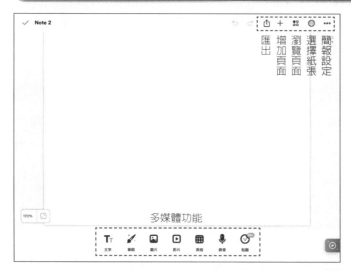

5分鐘認識
NoteLedge

教學時，可以用NoteLedge做什麼？

課程如果有手繪的需求，可以利用NoteLedge豐富的「筆刷」功能，發揮想像力與創造力，打造一擁有個人風格的塗鴉作品。

課堂如果有主題探究或專題報告的需求，可以請學生個人或小組利用NoteLedge多媒體功能，製作一兼具文字與影音效果的作品，並利用簡報功能展示出來。

課堂教學提問，教師可以指定學生利用NoteLedge的任一多媒體功能回應問題，並可請學生透過Airplay呈現結果。

除了NoteLedge，筆記創作類App還有如：EverNote（跨平臺）、Google Keep（跨平臺）、OneNote（跨平台）、GoodNotes（iOS）……

資料來源：筆者整理。

Unit 2-21
教學應用類—故事創作（Book Creator）

圖解教學科技與媒體

072

　　本書將「Book Creator」歸類為教學應用類中的「故事創作」類App，目前研發者提供iOS與網頁版兩種版本，教學者可在App Store（iOS系統）搜尋「Book Creator」安裝此App，或者利用各搜索引擎在網址列輸入「Book Creator」進入網站首頁，它是一款操作簡單、功能多元的電子書應用程式，可讓使用者在極短時間內完成一本具翻頁功能的電子書。

一、註冊或登入方式介紹

　　以iPad使用為例，免費版Book Creator不用註冊或登入，只要打開App即可開始使用，惟免費版僅提供製作一本電子書，待輸出後則可用原模板繼續編輯下一本書。至於網頁版則可使用Google、Microsoft、Clever或一般Email帳號註冊登入，登入後，在「My Books」中，可以創作多達四十本書，對於一般使用者而言，數量可說非常足夠。

二、操作介面與功能說明

　　進入Book Creator App主畫面後，畫面出現「開始動手做：一個簡單的教學流程」，使用者可以透過中文化的內容介紹，認識Book Creator的基本功能與創作方式，非常淺顯易懂。接著，可點選畫面右上角「新書」，會跳出「選擇書籍外形」的頁面，使用者可以選擇「直向」、「正方形」、「橫向」的電子書或漫畫格式，確認後，畫面會出現以「一本新書」命名的空白頁書籍，點選「一本新書」名稱，使用者可以修改標題與作者等基本資料。

　　其次，進入新書編輯頁面，畫面右上角分別有「+」、「i」、「▷」等圖示，選擇「+」，使用者可以依編輯需要點選「相片」、「相機」、「畫筆」、「新增文字」、「新增音效」、「形狀」、「檔案」、「地圖」、「嵌入網頁」等功能。選擇「i」，使用者可以為新書的每一頁面套用背景，分別有「漫畫」、「圖框」、「紙張」、「圖樣」、「紋理」等類別可選擇。選擇「▷」，可以讓使用者為新書進行「簡報」、「設定」與「匯出」，其中，「簡報」提供「為我朗讀」模式，讓電腦自動報讀電子書內容，對於口語表達不佳的學習者來說帶來不小幫助；「匯出」則可選擇ePub、PDF、影片等格式。另畫面左上角則有「我的小書」、「書頁」、「還原」等功能，其中，點選「書頁」可以讓使用者一次瀏覽所有編輯頁面，並提供增加或刪除頁面的需求。至於網頁版的電子書編輯方式與App版本大同小異，端看使用者依個人載具自由選擇。

Book Creator操作介面與功能

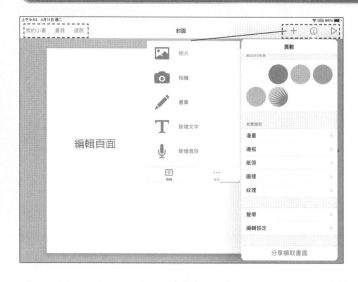

5分鐘認識
Book Creator

網頁版Book Creator還可以做什麼？
首先，點選畫面左上角「≡」……

在「CERTIFICATION」中，研發者提供了19個影音教學課程，使用者透過自學完成全部課程及通過測驗後，即可取得數位徽章，成為專業認證的創作者。

在「DISCOVER」中，匯集了來自世界各地創作者的作品，適讀年齡涵蓋幼稚園（Kindergarten）到高等教育（Higher Ed），計有超過上百部電子書可供讀者欣賞。

在「LIBRARIES」中，可以創建一個班級圖書館，圖書館內可以收藏（編輯）40本書，教師可以透過QR Code或Code邀請學生加入創建個人電子書，學生不論身處何地，教師皆可同步觀看全班學生創作過程或成品。

除了Book Creator，故事創作類App還推薦Com-Phone Story Maker（Android），它可以快速地透過插入影像（圖片或錄影）、聲音或文字，創作一本電子讀本……

資料來源：筆者整理。

Unit 2-22
教學應用類—簡報製作（Canva）

　　本書將「Canva」歸類爲教學應用類中的「簡報製作」類App，它是一個跨平臺的應用程式（包括iOS、Android、網頁版），教學者可依個人載具分別在Play商店（Android系統）與App Store（iOS系統）搜尋「Canva」安裝此App，或者利用各搜索引擎在網址列輸入「Canva」進入網站首頁，它是一款操作簡單、功能多元的設計類應用程式。

一、註冊或登入方式介紹

　　以iPad使用爲例，進入Canva頁面後，使用者可以利用多種方式進行註冊，例如：Google、Facebook、Microsoft、Clever等帳號，或其他電子郵件註冊。註冊成功後可直接登入，一開始Canva會詢問你要進行何種用途，例如：大型公司、個人用途、非營利組織或慈善機構、小型企業、學生、教師等，使用者可依個人身分登入使用。若選擇教師身分，所有Canva付費功能，符合資格的學校教師與學生可以完全免費使用。

二、操作介面與功能說明

　　進入Canva首頁後，可點選右上角「建立設計」，會出現如文件、行動影片、限時動態、簡報、海報、卡片、邀請卡、名片、傳單等等諸多設計功能。以「簡報」爲例，進入設計頁面後，畫面出現二大功能區塊，左邊分別有「設計」、「元素」、「相機膠卷」、「上傳」、「文字」、「繪圖」、「專案」等功能，點選任一功能則會出現相對應的選單。其中，「設計」功能有「範本」、「版面配置」與「樣式」等三個子功能，瀏覽後選擇個人喜愛的模板即可直接套用，套用結果會立即呈現在右邊的空白編輯區，使用者可逕自選擇單一或全部頁面套用。「元素」功能則提供諸如「線條和形狀」、「圖像」、「貼圖」、「照片」、「影片」、「音訊」、「圖表」、「表格」、「邊框」、「網格」等等靜態與動態元素，使用者可以任意點選並即時在右邊編輯區看到效果。

　　其次，在右邊編輯區部分，只要點選任一物件（如某個圖像），編輯區正上方即會出現相對應的功能，例如：裁切、翻轉、動畫、位置等，透過這些動態的設定，可以大大提升簡報內容的活潑感。此外，右上角「↑」圖示，可以邀請成員進行協作，也可以展示簡報，或透過JPG、PDF、MP4影片等方式輸出檔案。總括來說，Canva功能十分強大，編輯過程亦隨編即隨存，是一款操作直覺且容易上手的應用軟體。

Canva操作介面與功能

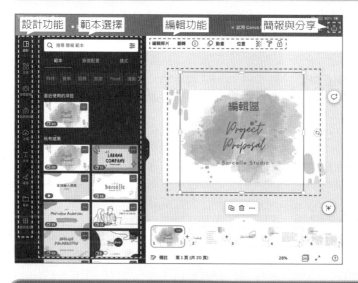

5分鐘認識Canva

除了製作簡報，Canva還可以做什麼？

可以將個人的設計直接分享到Instagram、WhatsApp、電子郵件，或儲存到個人裝置中。

可以製作社交媒體的素材，如：Facebook貼文（或封面）、Twitter橫幅、YouTube影片縮圖⋯⋯。

可以像專業人士那樣編輯圖片或影片。

可以設計勵志名言和幽默梗圖。

可以製作任何活動的邀請，如生日卡片、婚禮邀請卡、電子邀請函、派對邀請卡⋯⋯。

可以製作標誌、書籍封面、教學小冊子、履歷、宣傳海報⋯⋯。

資料來源：筆者整理。

Unit 2-23
教學應用類—影像創作（iMovie）

圖解教學科技與媒體

　　本書將「iMovie」歸類為教學應用類中的「影像創作」類App，目前研發者提供iOS與macOS兩種版本，教學者可在App Store（iOS 系統）搜尋「iMovie」安裝此App，它是一款可以製作媲美好萊塢風格的預告片和精美影片的影像創作應用程式。

一、註冊或登入方式介紹

　　iMovie下載與安裝完成後，使用者並不需要任何註冊與登入動作，直接點選應用程式即可順利進入頁面與使用。

二、操作介面與功能說明

　　進入iMovie首頁後，主畫面是以黑色為底，頁面正下方從左至右分別有魔幻影片、故事畫板與影片等三大功能選項。「魔幻影片」可選擇個人載具中已拍攝好的「影片」或「照片」為素材，搭配iMovie內建的背景音樂，快速便捷地生成一段短影片。「故事畫板」則是使用iMovie內建的精美樣板，包含關於我、慶祝、烹飪、生命中的一天、DIY、遊戲、運作方式、改造、問與答、電影、感謝您、前5名、旅遊、健康、產品推銷、產品預覽、展現、讀書心得、新聞報導、科學實驗、預告片等21種，讓使用者能輕鬆地製作一段影片或電影預告片。至於「影片」同樣使用載具已拍攝好的媒材，惟係將媒材按照拍攝的時間序列，從頭開始製作影片。

　　以「故事畫板」中的「預告片」為例，這裡又有14種每段約1分鐘時長的小樣板可供選擇，如成年、青少年、家庭、童話故事、超級英雄、遠征探險、驚悚等，每個小樣板不論是配樂、場景安排、運鏡、旁白都比擬高水準的電影製作，令人讚嘆！待編輯者各別預覽確認要使用的樣板後，點選畫面右上角「製作」二字，即可進入編輯頁面，頁面分成「大綱」與「故事畫板」二個區塊，「大綱」部分，可以輸入影片名稱、製片商名稱與製作人員，如導演、剪輯、編劇、攝影指導、美術指導、服裝設計、配樂等，完全仿照電影製作的鋪陳。「故事畫板」部分，iMovie已將整個影片腳本大綱與故事情節安排好，編輯者則可重新編寫場景旁白或對話，另外，可將每一段的場景插入個人載具已拍攝好的影片或照片，待整個流程操作與編輯完畢，點選頁面左上角「完成」，即可順利產出一段堪比電影效果的微電影。

iMovie操作介面與功能

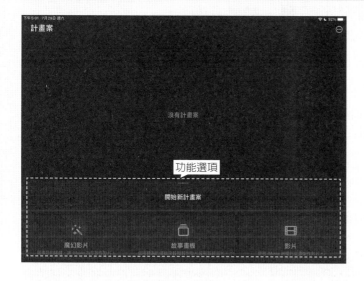

5分鐘認識iMovie

教學或學習歷程中，iMovie可以做什麼？

製作學科內容影片：教師可以指導學生使用iMovie製作學科內容影片，讓學生透過影片形式展示他們對某一學科主題或學習內容的理解和創意。

製作教學影片：教師可以使用iMovie錄製課堂講解、解釋學科概念、演示實驗過程等教學影片，以便學生在課中學習、課後複習或遠距教學時觀看。

製作班級或校園活動影片：教師可以指導學生用iMovie記錄班級或學校的特殊活動，如慶生、同樂會、才藝表演、運動會、舞蹈比賽等，以展示班級或學校的活力和氛圍。

製作教育紀錄片：教師可以個人或指導學生分組用iMovie製作有關學校（或社區）發展、歷史事件或校園改建等方面的紀錄片，以便學生更深入地了解相關內容，並強化對學校（或社區）的認識與認同。

資料來源：筆者整理。

Unit **2-24**
教學應用類—動漫創作
（My Talking Avatar Lite）

本書將「My Talking Avatar Lite」歸類爲教學應用類中的「動漫創作」類App，目前研發者提供iOS版本，教學者可在App Store（iOS系統）搜尋「My Talking Avatar Lite」安裝此App，它是一款可以創造虛擬角色，而且可爲角色設定背景、配音與配樂的應用程式。

一、註冊或登入方式介紹

以iPad使用爲例，打開My Talking Avatar Lite應用程式後，直接進到主畫面即可開始使用，不用任何註冊或登入程序。

二、操作介面與功能說明

進入My Talking Avatar Lite頁面後，點選左上角「人物+筆」的圖示，可以選擇或創建一個虛擬角色，以創建角色爲例，點選「+」的符號，可選擇男生或女生角色，確認後，可開始改變角色樣貌，例如：眼睛、眉毛、嘴巴、鬍子、體型、頭髮、衣服、褲子、皮帶、襪子、鞋子等等，端看個人的喜好做選擇，創造個人獨一無二的風格。完成後，點選角色創建影片，在編輯區上方有三個「風景」圖示，主要是爲角色建立背景，從左到右依序是個人所處環境背景（如房間）、載具相簿或照片做背景（如風景照）與軟體內建背景，可依個人偏好或需求做選擇。

待角色與背景確認後，接下來可以進行情境安排，在編輯頁正下方依左到右分別有人物、文字、聲音、靜音、時間等五個圖示。其中，「人物」圖示部分，依喜怒哀樂，可以爲角色增添表情或肢體語言；也可選擇雙角色，讓場景出現互動。點選「文字」圖示，可以輸入文字，讓編輯頁面出現旁白。選擇「音樂」圖示，則可以在載具音樂資料庫選擇一首歌曲或音樂作爲背景音樂。至於「時間」圖示，則有錄製最少6秒最多5分鐘的時間選擇。此外，任意點選正中央角色視窗，右側會出現「景深」功能，可以讓角色拉近或拉遠、側身、轉向、上下左右移動、放大縮小等，增添角色在場景中的變化性。

待前述設定一切就緒後，使用者即可利用編輯頁面正下方拍照與錄製功能，特別的是，按下「錄製」功能，可以讓使用者邊配合或改變場景邊配音，創建一個具有個人特色或想像力的動漫作品。整言之，My Talking Avatar Lite可以幫助學生練習口語表達、說故事或創意寫作，是一個適合語言練習與創意發想的應用程式。

My Talking Avatar Lite操作介面與功能

角色設定　背景設定

景深功能

1:00

場景設定

5分鐘認識
My talking Avatar Lite

My Talking Avatar Lite可以做什麼？

口語表達：有口語表達需求時，可以讓學生用虛擬角色練習，除了讓學生練習膽量外，也可以藉由重複地聆聽，改進自己的發音或語調。

課文朗讀：結合虛擬角色進行課文朗讀，讓原本枯燥的朗讀活動，因虛擬角色的融入，提升學生學習的動機與興趣。

故事創作：My Talking Avatar Lite可以設計場景、安排角色，甚至可以利用景深功能做出特效，非常適合學生個人或是小組發揮想像力創作故事、短文或進行寫作練習。

角色互動：課堂中若有對話或角色互動的需要，可以利用My Talking Avatar Lite安排雙角色，讓學生融入情境，並互相合作與學習。

資料來源：筆者整理。

Unit **2-25**
教學應用類—線上協作（Padlet）

本書將「Padlet」歸類為教學應用類中的「線上協作」類App，目前研發者提供Android與iOS兩種版本，教學者可依個人載具分別在Play商店（Android系統）與App Store（iOS系統）搜尋「Padlet」安裝此App，另外也有網頁版可運用，它是一款能夠讓老師快速蒐集學生回饋，也能夠讓學生線上自由共作、表達想法的應用程式。

一、註冊或登入方式介紹

以網頁版使用為例，教學者進入Padlet網站後，可點選右上角「註冊」二字，註冊方式可選擇Google、Microsoft、Apple等帳號，或輸入個人Email註冊。註冊成功後，即可直接登入網站首頁開始使用。

二、操作介面與功能說明

進入Padlet主畫面後，教學者可以點選右上角「製作Padlet」建立一個模板，免費帳號可以開啟五個模板，模板分成基礎版與進階版，各有不同的模板樣式可供選擇，以符合各種教學目標的需求。以基礎版為例，分成畫布、時間表、故事看板、清單、電子牆、地圖等六種樣式。在「畫布」模板中，使用者可以用線條連結不同的貼文，以呈現相關的概念，如同心智圖的呈現方式；在「時間表」模板中，呈現的貼文是由左至右的順序排列，使用者可以使用拖曳的方式來移動貼文，這種模板最適合用在需要排序類型的活動；在「故事看板」模板中，不管貼文回應有多少，都可以讓貼文呈現四直行規矩的排列，這種適合用在按照號碼排列的活動中；在「清單」模板中，貼文是以單行的形式呈現，這種模板適合用在接力問答類型的活動；在「電子牆」模板中，教師可以先設定各標題項目，再讓學生依各項目分別回應，所以如果是需要分門別類的回應就適合用此種模板進行；在「地圖」模板中，可以先挑選自己喜歡的地圖樣式，然後貼文的時候，只要在搜尋列輸入關鍵字（如臺北），系統就會自動將貼文放在臺北地圖上，這種模板適合以地圖為背景進而讓學生回應的活動。

待選定所需模板進入後，模板右側從上至下分別有顯示使用者選單、開啟分享設定、複製此Padlet看板、開啟活動看板、開啟投影片、開啟Padlet看板設定、更多Padlet看板操作等連結。其中，「開啟Padlet看板設定」部分，可以進行標題、外觀、版面配置、張貼、內容、高級等功能設定，是所有設定中較常使用者。另外，「開啟分享設定」部分，則可取得QR碼於活動開始前提供給學生，讓學生不需透過註冊登入，即可參與課堂活動。總括來說，Padlet乃一功能多元、操作便利的線上協作軟體，可以因應教學多元需求，增添課堂師生與生生之間的互動。

Padlet操作介面與功能

5分鐘認識Padlet

Padlet可以做什麼？

回答問題：教師利用「故事看板」模板，在大標題輸入要學生回答的問題，並依學生座號或小組名稱進行貼文，學生就可依照座號或組別名稱回答，蒐集學生們的意見。

文本分析：學生讀完課文或故事繪本後，教師可以利用「畫布」模板將主題寫在中央，並列出幾個文本元素（如5W1H），引導學生透過貼文進行文本內容的心智圖分析。

認識國家：學生以小組為單位，利用「地圖」模板介紹國家，在該國發表貼文，以貼文搜尋的方式，列出該國的洲別、首都、人口、景點、美食、文化等資訊。也可融入雙語教學，同步以英文做介紹。

歷史事件或文法練習：學生可以利用「時間表」模板，於社會領域教學時，介紹歷史事件發生的先後順序；或者於英文學習時，針對過去式、現在式與未來式等英文時態的變化，以貼文寫出符合該文法的句子。

詞語接龍：可以利用「清單」模板，由教師先貼出一個語詞（或英文單字），學生以這語詞最後一個字為首（或單字最後一個字母），另外貼文寫出新語詞（單字）。依此類推，直到無法接續為止。

資料來源：筆者整理。

Unit 2-26
評量設計類—即時反饋系統（Kahoot）

　　本書將「Kahoot」歸類爲評量設計類中的「即時反饋系統」類App，目前研發者提供Android與iOS兩種版本，教學者可依個人載具分別在Play商店（Android系統）與App Store（iOS系統）搜尋「Padlet」安裝此App，另外也有網頁版可運用，它是一款能夠讓教師設計測驗題目，然後讓學生利用載具回應的應用程式。

一、註冊或登入方式介紹

　　以網頁版使用爲例，教學者進入Kahoot網站後，可點選畫面下方「註冊」二字，再選擇你的帳戶類型，如教師、學生、個人或專業人士，並敘述你的工作場所，如學校、高等教育、學校行政、商務或其他；接著，即可以個人Email，或者Google、Microsoft、Apple、Clever等帳號註冊，註冊成功後，可直接登入網站首頁開始使用。

二、操作介面與功能說明

　　進入Kahoot主畫面後（以中文介面爲例），可點選右上角「建立」創建課程，方式有二：一是「Kahoot」，乃內含票選活動和測驗的簡短互動式簡報；另一是「課程」，乃最適合內含影片、文件和評量報告的較長課程段落。以前者爲例，可以選擇「+」建立空白內容或是直接套用現成「範本」，以建立空白內容來說，進入編輯頁面後，從左至右分別有加入題目或投影片、編輯與設定等三個區塊。其中，「編輯」區從上至下可分別輸入測驗題目，加入圖片、影片或音檔，以及輸入文字或加入圖片

當作答案選項（記得在某一選項後勾選爲正確答案）。而「設定」區可針對測驗介面的主題與風格、題型（免費版提供選擇題與是非題）、測驗時間（5秒至4分鐘）、分數等進行設定。至於「加入題目或投影片」，則可新增題目或教材投影片，以此類推。完成後，點選頁面右上角「存檔」，並輸入標題和描述，一份新的測驗試題或教材就算編輯完成。

　　回到Kahoot主畫面，左側從上到下分別有首頁、探索、資料庫、報告、群組、市集等功能，點選「資料庫」，找到前述編輯完成的測驗題目名稱，按右側「開始」，即可進入測驗畫面，這時教師可以選擇教師引導模式（包括經典模式與組隊模式）或學生引導模式（需付費，但可免費試玩），以「經典模式」來說，進入後畫面正上方會顯示一組「遊戲PIN碼」；右下角「齒輪」圖示可以進行遊戲（測驗）設定，而「人數」圖示顯示目前已加入測驗人數，一切就緒後教師即可點選「開始」測驗。

Kahoot操作介面與功能

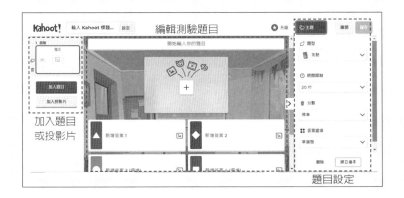

加入題目
或投影片

編輯測驗題目

題目設定

5分鐘認識
Kahoot

Kahoot還有哪些須知？

付費版本：付費版的Kahoot有許多升級功能，以測驗為例，另有簡答題、滑桿、排列解謎、票選活動、圖標、文字雲、開放式問答、腦力激盪等題型，端看教師依教學需要付費升級與否。

測驗報告：學生測驗後，教師可以回到Kahoot主畫面，點選左側「報告」，查看測驗摘要（如困難題、需要協助、未完成等）、玩家（學生）表現、題目作答情形，以及意見回饋。

分組競賽：Kahoot除了個人參與外，還可以採「組隊模式」參加測驗，方式是點選測驗開始後，選擇「教師引導模式」中的「組隊模式」，透過小組協同合作爭取佳績。

學生參加測驗：利用行動載具打開Kahoot App，進入主畫面後點選正下方「加入」，輸入教師提供的PIN碼或掃描QR碼，並輸入自己的「暱稱」，即可等待教師派題開始測驗。

建立複本：免費版的Kahoot一份測驗可以提供40人使用，對於一次任教多個班級的科任教師顯有不足。這時可以利用「建立複本」的功能（進入主畫面「資料庫」，找到教材或測驗，點選右上角建立複本），讓測驗或教材可以重複利用，減少教師備課時間。

教學與評量融合：新版的Kahoo可同時讓教師加入教材投影片與測驗題目，讓教師可以直接在平臺進行教學，同時在教學告一段落後，即時進行線上測驗，掌握學生學習成效，不用在平臺之間不斷切換。

資料來源：筆者整理。

Unit 2-27
評量設計類—即時反饋系統（Socrative）

圖解教學科技與媒體

本書將「Socrative」歸類為評量設計類中的「即時反饋系統」類App，目前研發者提供Android、iOS與網頁版本，教學者可依個人載具分別在Play商店（Android系統）與App Store（iOS系統）搜尋「Socrative」安裝此App（分成Socrative Teacher與Socrative Student），或者利用任一搜索引擎搜尋運用，它也是一款能夠讓教師設計測驗題目，然後讓學生利用載具即時回應的應用程式。

一、註冊或登入方式介紹

以網頁版使用為例，教學者進入Socrative網站後，可點選畫面下方「Sign up」進行註冊，分別填入姓名、Email帳號與密碼，並填寫單位與學校名稱等基本資料，即可順利註冊登入。

二、操作介面與功能說明

進入Socrative主畫面後，頁面左上方從左至右分別有開始（Launch）、收藏（Library）、空間（Rooms）、報告（Reports）與成果（Live Results）等功能。以「收藏」為例，教學者可在此編輯測驗試題，點選右上角「Add Quiz」，選擇「New Quiz」進入編輯畫面，正上方「Untitled Quiz」可先輸入標題，下方計有多選題（Multiple Choice）、是非題（True/False）與簡答題（Short Answer）等題型可供選擇，「多選題」部分，可分別輸入題目、得分、選項答案或圖片（記得勾選正確答案）、題目圖片，以及解說等內容；「是非題」部分，可分別輸入題目、得分、正確答案、題目圖片，以及解說等內容；「簡答題」部分，則分別輸入題目、得分、正確答案、題目圖片，以及解說等內容。待題目編輯完成後，點選頁面右上角「Save and Exit」即可。

接著，回到「開始」（Launch）功能，選擇「Quiz」，找到剛剛編輯完成的測驗標題名稱，點選進入後進行相關設定，一是決定測驗傳送方式，包括即時作答（Instant Feedback）（學生依題目順序回答且無法更改答案）、開放作答（Open Navigation）（學生不用依題目順序回答且可以更改答案）、教師步調（Teacher Paced）（教師控制問題節奏且可略過或重回問題）等；另一是基本設定，如填入作答者姓名、問題亂數、答案亂數、顯示作答回饋、顯示分數等。待一切設定完成後，點選右下角「Launch」，進入測驗畫面，再點選正下方或右上角「Invite Student」，邀請學生利用載具輸入「Room Name」或掃描QR碼進入測驗畫面。

Socrative操作介面與功能

5分鐘認識Socrative

Untitled Quiz ✎	編輯測驗題目	Save and Exit

Align Quiz to Standard — Share

1. Have a multiple-choice question to ask? 1 point

A ◯ Answer A　　+ 🖼 ✕
B ◯ Answer B　　+ 🖼 ✕
C ◯ Answer C　　+ 🖼 ✕
D ◯ Answer D　　+ 🖼 ✕
+ Add Answer

插入圖片

i An explanation 輸入題目、選項答案與解說　+ 🖼

Socrative還有哪些須知？

免費版本功能：免費版的Socrative可以為班級提供一個空間（Room），每個空間允許50名學生。此外，教師可以創建最多5個測驗，一次啟動1個活動，且可透過URL分享測驗以及發起太空競賽（分組競賽）。

測驗報告：學生測驗後，教師可以在「Live Results」看到學生作答結果，或待全班完成作答後，回到「Reports」找到測驗標題名稱，觀看或下載學生測驗結果。

分組競賽：教師點選「Launch」功能，選擇「Space Race」，找到要進行的測驗標題，並針對這個測驗進行分組設定，如組數、代表圖像、競賽時間等，確認後即可開始進行分組競賽。

學生參加測驗：利用行動載具打開Socrative Student App，進入主畫面後輸入教師提供的「Room Name」，並輸入自己的「姓名」，即可進入開始測驗。

快問快答：教師點選「Launch」功能，選擇「Quick Question」，可以不用編輯試題，透過如口頭提問方式，邀請學生快速回答，類似快問快答功能，即時蒐集學生意見或掌握學習成效。

分享與建立複本：Socrative可以將編輯完成的測驗試題分享他人，也可將試題建立複本重複使用，或者下載PDF檔紙本印出利用。此外，單一試題也有複製功能，可減少教師編輯試題的時間。

資料來源：筆者整理。

Unit 2-28

評量設計類—即時反饋系統（Quizizz）

本書將「Quizizz」歸類為評量設計類中的「即時反饋系統」類App，目前研發者提供Android、iOS與網頁版本，教學者可依個人載具分別在Play商店（Android系統）與App Store（iOS系統）搜尋「Quizizz: Play to Learn」安裝此App，或者利用任一搜索引擎搜尋運用，它亦是一款能夠讓教師設計測驗題目，然後讓學生利用載具立即回應的應用程式。

一、註冊或登入方式介紹

以網頁版使用為例，教學者進入Quizizz網站後，可點選畫面下方或右上角「免費註冊」，可以利用個人Email，或者Google、Microsoft、Apple、Facebook等帳號註冊，並選擇使用場合，如學校、工作或個人使用，同時確認個人身分，如學生、老師或管理員，註冊成功後，可直接登入網站首頁開始使用。

二、操作介面與功能說明

進入Quizizz主畫面後（以中文介面為例），頁面左側有「建立」二字，點選後網站會詢問你的目的是創建「試題」還是「課程」，以試題為例，免費版的Quizizz可以創建選擇題、填空題、塗鴉、開放式問題、問卷等，以「選擇題」來說，在編輯畫面正上方可以填入測驗標題名稱，正中央可以輸入測驗題目，同時可以插入圖片、音檔或影片，再分別輸入選項的答案（可以用圖片取代，記得勾選正確答案），右側可以為題目新增一個解說以加強學生印象，正

下方可以設定時間（10秒至15分鐘），完成後點選右下角「儲存」即編輯完成，再依序編輯第二題，以此類推。待所有題目編輯完成，回到編輯列表，可再次審視測驗題目內容，並設定各題得分，無誤後，可在右上方進行「預覽」、「測驗設置」（如標題、科目、年級、封面圖片、語言），最後按「儲存」，即完成所有試題的編擬。至於其他題型編輯方式雷同。

回到Quizizz主畫面，點選頁面左側「我的圖書館」，可以找到剛剛編輯完成的試題，點選右下角「開始」，有三種模式進行，包括實時測驗、教練節奏與指派作業。以「實時測驗」來說，可選擇「經典」（參與者按照自己的節奏回答，單獨競爭）、「隊伍」（參與者按照自己的節奏回答，但分數按團隊分組）或「測驗」（參與者需要登錄才能進行）等模式。至於「教練節奏」則是由教師控制節奏，讓學生一起完成每個題目；而「指派作業」則是指非同步學習。不論選擇哪一種模式，點選後教師還可為測驗進行設定，例如：開始時間、測驗次數、測驗期限、匯入Google Classroom實施、隨機出題、隨機排列選項、播放音樂等，功能十分多元。

Quizizz操作介面與功能

5分鐘認識Quizizz

Quizizz還有哪些須知？

付費版本功能：付費版的Quizizz有許多升級功能，以測驗為例，另有排序題、配對、拖放題、下拉選單、數學反應、標籤、熱點、作圖、錄影作答、錄音作答等題型，端看教師依教學需要付費升級與否。

測驗報告：學生測驗後，教師可以在主畫面左側「成績報告」找到測驗標題名稱，觀看、列印、下載學生測驗結果，包括答對率、完成率、分數、答題情形，也可將結果Email通知家長。

分組競賽：Quizizz的施測方式非常多元，分組競賽是其中之一，教師可以選擇「實時測驗」，點選「模式」，再選擇「隊伍」，並做相關基本設定，即可採用分組競賽方式給予學生施測。

學生參加測驗：學生利用行動載具打開Quizizz App，進入主畫面後輸入教師提供的「join code」或是掃描QR碼，等待教師點選「開始」，即可進行測驗。

教學與評量融合：Quizizz可同時讓教師利用雲端融入教材或平臺編輯教材投影片與測驗題目，讓教師可以直接在平臺進行教學與評量，即時掌握學生學習成效，不用在平臺之間不斷切換。

分享與建立複本：Quizizz可以將編輯完成的測驗試題分享他人，也可將試題建立複本重複使用，或者下載檔案紙本印出利用，抑或嵌入其他平臺使用。此外，單一試題也有複製功能，可減少教師編輯試題的時間。

資料來源：筆者整理。

Unit 2-29
評量設計類—遊戲式評量（Quizlet）

本書將「Quizlet」歸類為評量設計類中的「遊戲式評量」類App，目前研發者提供Android、iOS與網頁版本，教學者可依個人載具分別在Play商店（Android系統）與App Store（iOS系統）搜尋「Quizlet：使用單詞卡學習」安裝此App，或者利用任一搜索引擎搜尋運用，它是一款透過單詞卡（Flash Cards）等方式學習的應用程式，亦即能夠讓使用者根據自己需要的學習內容在Quizlet中創建詞條和對應的解釋，以遊戲化的方式加以呈現。

一、註冊或登入方式介紹

以網頁版使用為例，教學者進入Quizlet網站後，可點選畫面上方「註冊」二字，可以利用個人Google、Facebook等帳號，或者個人Email註冊，同時輸入個人生日、用戶名與身分，註冊成功後，可直接登入網站首頁開始使用。

二、操作介面與功能說明

進入Quizlet主畫面後，頁面右上方有「+」圖示，點選後分別有班級、學習集與文件夾可選擇，以「學習集」為例，進入編輯頁面後，可輸入「標題」與「描述」，再分別輸入「語詞」和「定義」，如：「one」（語詞）對應「一」（定義，記得要選擇使用語言），同時可搭配「圖片」，以此類推，編輯完成後，可點選右上角「齒輪」圖示，設定「誰能看見」與「編輯權限」，確認後點選右上角「建立」，即完成個人製作的第一份「單詞卡」。

接下來，會進入剛剛完成作品的預覽畫面，或是回到主畫面，點選「你的圖書室」，找到作品名稱進入，在頁面上方可以看到「課堂活動」與「自學活動」兩個功能選項，亦即這份單詞卡你要以什麼方式提供給學生學習或是自學，前者包括「標準Quizlet Live」與「檢查小站」；後者則有「單詞卡」、「學習」、「測試」與「配對」等選項。

以「標準Quizlet Live」來說，頁面會跳出詢問要以「隨機分組」還是「個人」進行遊戲，確認後，進一步詢問要以哪一種問題和答案的組合進行，待教師選定後，頁面會產生一組密碼、QR碼與建立連結等方式邀請學生加入遊戲。接下來，回到學生端，學生可利用載具（如iPad）相機掃描QR碼進入Quizlet，在等待教師建立遊戲前，每一位學生還可利用個人載具複習即將進行的測驗內容，不浪費一絲一毫的時間，待遊戲正式開始，每位學生可竭盡所能地完成測驗，爭取個人佳績。

Quizlet操作介面與功能

輸入標題與描述

編輯語詞與定義

插入圖片

5分鐘認識
Quizlet

Quizlet還有哪些須知？

學習共享：在Quizlet主畫面正上方搜尋列，使用者可以利用關鍵字搜尋其他人分享的學習集，並可將其新增至班級或文件夾，或列印，或複製連結至其他平臺學習。

分類學習：進入Quizlet主畫面後，使用者可以點選右上方「+」，利用「文件夾」功能，可將學習集依科目或主題分門別類建置與管理，便於後續學習資料的搜尋。

付費版功能：付費版Quizlet可免費試用30天，若覺得好用可付費升級，功能諸如：自訂Quizlet Live（如可自行分組、遊戲中切換詞語與定義、進行複習遊戲）、後臺觀察學生學習進度、增加編輯功能（如單詞卡可添加語音、圖片、照片、圖表與格式化文字）等。

專家解答：在Quizlet主畫面正上方「專家解答」，可以依照主題搜尋經由專家撰寫並經過驗證的答案，如化學、微積分、工程學、物理學、生物學等等，進行專業知識的學習。

建立班級：進入Quizlet主畫面後，教師可以點選右上方「+」，建立一個新班級，邀請成員加入後，班級成員可以新增或移除學習集（單詞卡），也可共享班級中的所有學習內容。

資料來源：筆者整理。

Unit 2-30
評量設計類—遊戲式評量（Wordwall）

　　本書將「Wordwall」歸類為評量設計類中的「遊戲式評量」類網站，目前研發者僅提供網頁版本，教學者可利用任一搜索引擎搜尋運用，它是一個融入多樣化、趣味化的遊戲，並結合差異化教學特色，讓學習更能符合不同學習者需求的評量設計類網站。

一、註冊或登入方式介紹

　　教學者進入Wordwall網站後，可點選畫面右上方「註冊」二字，可以利用Google帳號，或者個人Email註冊，註冊成功後，可直接登入網站首頁開始使用。

二、操作介面與功能說明

　　進入Wordwall主畫面後（以中文介面為例），可點選頁面右上方「創建活動」，免費版會有18種遊戲範本可以選擇，包括測驗、匹配遊戲、快閃記憶卡、查找匹配項、拼字遊戲、句子排列、配對遊戲、開箱遊戲、完形填空、隨機卡、隨機輪盤、問答遊戲、搜字遊戲、猜字遊戲、翻轉卡片、標籤圖表、按組排序、填字遊戲等。以「匹配遊戲」為例，進入編輯頁面後，可先輸入「活動標題」，再依序輸入「關鍵字」與「定義」，如活動標題—認識動物，「關鍵字」輸入「貓」，「定義」輸入「cat」，若有需要可添加圖片，以此類推，待輸入完畢，畫面右下角點選「完成」即可。

　　接著，頁面會呈現遊戲的產出樣貌，可在此進行相關設定或修改，舉例來說，教學者可先行「預覽」遊戲作品，觀看所選範本的遊戲效果；其次，可「切換範本」或更改遊戲「主題」背景，了解不同範本或主題之間的差異並加以選擇；再者，進行「選項」與「排行榜」設定，前者如遊戲時間、遊戲布局設定，後者如遊戲排名數量、顯示得分、排名刪除時間等設定；最後，進行遊戲「設置」與決定遊戲「分享」方式，前者可進行遊戲登入名稱、遊戲截止時間、遊戲結束顯示等基本設置，後者可選擇透過如Facebook、Google Classroom、複製連結或QR碼等方式分享。待一切確定後，即可正式「發佈」遊戲。

　　以掃描QR碼為例，學生掃描教師提供的QR碼後，不必登入Wordwall網站，即可連結至遊戲畫面進行測驗，待遊戲結束，可立即查看個人成就，如成績、花費時間、名次等。同時，教師可在Wordwall主畫面正上方「我的結果」，點選遊戲名稱，查看班級學生的測驗情形。整言之，Wordwall是一兼具知識學習與遊戲效果的評量設計平臺，將遊戲融入學習當中，促發學習者的學習動機與興趣，進而達到寓教於樂的目的。

Wordwall操作介面與功能

5分鐘認識
Wordwall

Wordwall還有哪些須知？

切換範本：Wordwall創建活動後，只需點擊即可將其切換到其他範本，這樣可以節省教師的時間，對於「差異化」和「增強」學習非常有用，前者可以依學生程度改變範本的難易度；後者可以藉由範本的調整，達到學習精熟。

互動和下載：Wordwall可用於建立互動式和可列印的活動，前者支援任何Web的裝置（如電腦、平板、手機）上播放，它可以由學生單獨播放，也可以由教師帶領，讓學生輪流上課使用；後者可以直接列印出來或下載為PDF檔使用。

付費版功能：Wordwall免費版已提供18個遊戲範本，付費版還另提供15個專業範本，如打地鼠、真假遊戲、圖像測驗、迷宮追逐、刺破氣球、飛機遊戲、輸送帶、輸贏測驗……，不一而足，十分多元且豐富，端看教學者依實際教學需要升級與否。

社群共享：在Wordwall創建的任何活動都可以與他人共用，你可以透過電子郵件、社群媒體或其他方式共享活動頁面連結。它也允許其他教師在Wordwall的社群中利用關鍵字尋找課程（點選首頁最下方「網站地圖」的「社群」），然後直接播放，或在他人基礎上進行創作。

資料來源：筆者整理。

Unit 2-31
語文領域的應用示例

圖解教學科技與媒體

092

本教學方案，係以「行動學習」融入語文領域的方式進行。就教學內容而言，旨在引領學生對文學作品的深入探究，提供他們分析文學作品主題、角色和結構的基本技巧。就教學實施來說，則融合了主題討論、角色分析、情節分析和文學評論等多元策略，藉此培養學生的批判性思考和文學鑑賞能力。就科技與媒體運用而言，則使用了線上平臺（如Nearpod）、文書處理軟體（如Google Docs）、心智圖軟體（如MindMapper）、多媒體平臺（如Flipgri）與簡報工具（如Canva），以提供多元互動的學習經驗，提升學習成效。

一、學習目標

（一）能分析文學作品的主題、鋪陳、角色與情節。

（二）能掌握文學分析的基本技巧，如角色分析、情節分析等。

（三）能培養批判性思考和文學鑑賞能力。

二、教學活動流程

（一）引起動機

教師使用簡報（如PowerPoint）分享一個經典文學作品的書摘或片段，引起學生對文學的興趣。接著，教師提出導讀問題詢問學生：作品主題可能為何？理由？我們可以從哪些方向分析作品？引導學生思考作品的主題和可能的分析方向。

（二）閱讀與分享

學生使用Nearpod平臺閱讀完整的文學作品，並在討論區或即時聊天工具中分享他們對作品的初步觀察和疑問。過程中，教師可引導學生從人事時地物等面向加以省思，作為後續活動發展的基礎。

（以下教學活動教師可依據班級學生的能力、背景、程度等條件，選擇個人或分組方式進行。）

（三）角色分析

小組學生使用Google Docs或Microsoft Word等文書處理軟體進行角色分析。各組選擇或分配一個主要角色，分析其性格特徵、行為動機和與其他角色的關係，並可使用表格、圖表或文字描述來呈現分析結果。

（四）情節分析

小組學生使用MindMapper或Xmind等心智圖軟體進行情節分析，將作品的情節結構、關鍵事件和轉折點等連結起來，幫助理解作品的故事結構。

（五）文學評論

小組學生使用行動載具內建的錄音錄影功能，或者利用如Flipgri等多媒體分享平臺內建的文字、錄音或錄影功能進行文學評論，分享學生對作品的理解、評價和感想。

（六）報告與總結

小組學生使用Canva或Prezi等簡報工具展示前述的分析結果和文學評論，內容可包括作品摘要、角色分析、情節概括、文學評論等。教師組織學生之間的分享、討論與回饋，鼓勵互相學習和啟發。

在語文領域中，行動學習的運用還可以做什麼？

創建數位詞彙庫：使用軟體或應用程式，例如Padlet或Quizlet，讓學生一起創建數位詞彙庫。學生可以在詞彙庫上分享單字、詞語、片語或句子，並提供釋義和例句，藉此幫助學生擴展詞彙量，並提升語文表達能力。

進行故事創作：使用故事創作軟體或應用程式，例如Book Creator，讓學生進行故事創作。學生可以運用語文知識和創意，撰寫自己的故事，並添加插圖和音效，從中培養學生的寫作能力和敘事技巧。

研究媒體報導：引導學生使用新聞閱讀應用程式或網站，例如Flipboard或BBC Learning English，研究語言和新聞報導。學生可以分析新聞文章的結構、詞彙和文體，並探討不同報導角度和語言使用，藉此培養學生的語文分析和批判思考能力。

製作數位漫畫：使用漫畫製作工具，例如Comic & Meme Creator，讓學生創作自己的數位漫畫故事，從中提升學生的敘事能力、圖文表達和創意思維。

創建虛擬演講或辯論比賽：使用錄影軟體或應用程式，例如Flipgrid或Loom，讓學生錄製自己的演講或辯論演示，藉此鼓勵學生表達意見、練習口語表達和提升說話技巧。

建立虛擬閱讀社群：使用社群媒體平臺或學校的網路平臺建立一個虛擬閱讀或書籍分享社群。學生可以分享自己閱讀的書籍推薦、書評或閱讀心得，並互相討論和分享讀書體驗。這樣的活動可以激發學生的閱讀興趣和推廣閱讀文化。

資料來源：筆者整理。

093

Unit 2-32
數學領域的應用示例

本教學方案，係以「行動學習」融入數學領域的方式進行。就教學單元與內容而言，以「二次函數」學習為例，逐步引導學生認識二次函數的定義與特性，進而學習應用二次函數解決實際問題。就教學實施來說，則整合了概念講解、圖像繪製、問題解析、實際應用等多重策略，以幫助學生深入了解二次函數的定義、特性和應用。就科技與媒體運用而言，則使用了繪圖軟體（如GeoGebra）、文書處理軟體（如Google Sheets）與簡報工具（如Canva），一步步地引導學生進行數學探索、分析和討論，從而提高他們的數學思維和應用能力。

一、學習目標

（一）能理解二次函數的定義和特性。
（二）能掌握二次函數的圖像、頂點、對稱軸等基本概念。
（三）能學會應用二次函數解決實際問題。

二、教學活動流程

（一）引起動機

教師使用GeoGebra或Desmos等數學繪圖軟體展示一個二次函數的圖像，引起學生對二次函數的興趣。同時，教師解釋函數的概念和二次函數的基本形式。

（二）基礎概念講解

教師使用Padlet應用程式或數學教學網站分享二次函數的基本概念，如頂點、對稱軸、開口方向等，並透過講解使學生能理解這些概念的定義和特性。

（三）圖像繪製

學生使用GeoGebra或Desmos等繪圖軟體，自行繪製不同形式的二次函數圖像。他們可以調整函數的係數和常數，觀察圖像的變化並探索不同參數對圖像的影響。

（四）問題解析

教師自編或使用數學教學網站，提供不同難度與二次函數相關的數學問題，鼓勵學生應用所學的概念和技巧解題。

（五）實際應用

教師提供一些實際情境問題，要求學生應用二次函數解決問題。過程中，學生可使用Google Sheets或Microsoft Excel等試算表軟體建立數據表格，進行數據輸入和計算，並使用二次函數模型預測和分析。

（六）總結和展示

學生分組使用Canva或Prezi等簡報工具展示他們對二次函數的理解和應用，包括函數圖像、解題過程、應用問題的解析等，並以圖片、影像或文字等方式加以呈現。藉由同儕之間的相互觀摩、評論與回饋，加深對本單元學習內容與重點的理解。

在數學領域中，行動學習的運用還可以做什麼？

線上數位學習平臺：線上數位學習平臺如均一教育平台、教育部因材網和Khan Academy等，提供了大量的數學練習題目，涵蓋各個年級和主題。學生可以透過這些平臺進行自主學習，根據自己的需要和進度進行練習，同時獲得即時的回饋。

編程和數學結合：學生可以學習編程技能，並將其應用於數學問題和探索中，例如：使用Scratch或Python等編程語言，學生可以創建數學模型、模擬數學問題，並將數學概念應用於創造性的專案中。

數學問題解決：數學問題解決是學生培養邏輯思維和解決問題能力的重要環節，透過使用應用程式如Mathway、Photomath，學生可以拍攝或輸入數學問題，然後獲得即時的解答步驟和答案。這些應用程式不僅可以幫助學生解決問題，還可以提供解題過程和詳細解釋，幫助學生理解問題的解決方法。

線上數學競賽：線上數學競賽平臺如Mathletics、Math Kangaroo Taiwan和Math Olympiad等提供了數學競賽的機會，讓學生參與有趣的數學挑戰。學生可以透過這些平臺參加競賽、解決難題，同時與全球的數學愛好者交流和競爭。

數學學習遊戲：數學學習遊戲可以提供互動和趣味的學習體驗，同時幫助學生鞏固和應用數學知識。例如，DragonBox系列遊戲將代數概念融入遊戲中，讓學生透過遊戲的方式學習和理解代數的原理和規則。另外，昌爸數學工作坊網站亦有許多數學遊戲，可供學生訓練數學思維與演算能力。

資料來源：筆者整理。

Unit 2-33
自然領域的應用示例

　　本教學方案，係以「行動學習」融入自然領域的方式進行。就教學單元與內容而言，以「認識細胞」單元為例，引導學生認識細胞的結構、功能與重要性，並能學習使用科學工具和技術觀察和研究細胞。就教學實施來說，則整合了模型展示、結構分析、功能分析、實驗觀察與研究報告等多重方法與策略，藉此豐富教學內容，提供學生更多的互動、合作和個人化學習的機會。就科技與媒體運用而言，則使用了模擬軟體（如CellExplorer）、互動模擬應用程式（如3D Virtual Cell）、顯微鏡與文書處理軟體（如Google Docs），透過這些工具和應用程式，學生可以運用多種方式探索和理解細胞的結構和功能，同時培養科學觀察、分析和研究的能力。

一、學習目標

（一）能理解細胞的結構、功能和重要性。

（二）能掌握細胞的不同組成部分與其功能。

（三）能學會使用科學工具和技術觀察和研究細胞。

二、教學活動流程

（一）引起動機

　　使用CellExplorer（https://cellexplorer.org/）或iCell（https://icell.hudsonalpha.org/）等細胞模型軟體展示一個真實細胞的結構，引起學生對細胞的興趣。同時，教師介紹細胞的基本概念，包括細胞結構、功能與重要性。

（二）結構分析

　　學生使用CellulAR細胞模擬應用程式，探索不同細胞的結構和組成，例如：瀏覽和放大細胞結構，觀察細胞膜、細胞器和細胞核等。

（三）細胞功能分析

　　學生使用3D Virtual Cell等互動模擬應用程式，探索細胞的功能和運作機制，包括模擬細胞內的代謝過程、細胞分裂和蛋白質合成等。

（四）實驗觀察

　　教師指導學生進行顯微鏡下的細胞觀察，觀察和研究真實細胞的特徵和功能，包括：觀察細胞的形態、運動和結構等。

（五）研究報告

　　教師事先將學生分組，小組使用Google Docs或Microsoft Word等文書處理軟體，並透過相關資料蒐集，撰寫一份關於特定細胞類型的研究報告，內容描述細胞的結構、功能和重要性，並附上相應的圖片和資料來源。

（六）發表與總結

　　教師組織學生進行細胞研究報告的發表，藉由文字、圖片甚至影像的呈現，展示小組的研究成果和對細胞的理解。同時，教師鼓勵同儕之間進行回饋、評論、建議或提問，藉此釐清與總結單元的學習概念與相關重點。

在自然領域中，行動學習的運用還可以做什麼？

化學實驗：使用行動設備上的化學實驗應用程式，如Chemistry Lab，學生可以進行虛擬化學實驗，探索化學反應和物質性質。這些應用程式提供互動的實驗模擬、化學公式計算和反應動力學分析，幫助學生理解化學原理和實驗技巧。

天文觀測：使用行動設備上的天文學習應用程式，如SkyView或Stellarium Mobile，學生可以觀察和探索天空中的星星、行星和星座。這些應用程式提供星空模擬、恆星資訊和天文事件提醒，幫助學生了解天文現象、宇宙中的物體和天體運動。

生態觀察：使用行動設備上的生態學習應用程式，如iNaturalist，學生可以觀察和記錄自然環境中的植物、動物和昆蟲等生物種類。透過拍攝照片、輸入觀察數據和分享觀察記錄，學生可以對生物多樣性和生態系統有更深入的理解。

生物科技探索：使用行動設備上的生物科技應用程式，如BiologyMaster，學生可以探索基因、DNA序列和基因工程等生物科技領域。這些應用程式提供基因分析工具、生物教學資源和研究資訊，幫助學生了解生物科技的應用和倫理議題。

地震監測：使用行動設備上的地震監測應用程式，如MyShake或My Earthquake Alert，學生可以獲取地震活動的即時資訊、震度分析和地震報告。透過這些應用程式，學生可以了解地震的發生、檢測地震活動，並探索地震對環境和人類的影響。

環境監測：使用行動設備上的環境監測應用程式，如IQAir AirVisual，學生可以獲取當地環境資訊，例如空氣品質狀況。透過這些應用程式，學生可以了解環境議題、參與環境保護行動，並採取個人行動改善環境品質。

資料來源：筆者整理。

Unit **2-34**
社會領域的應用示例

　　本教學方案，係以「行動學習」融入社會領域的方式進行。就教學單元與內容而言，以「認識國際組織」單元爲例，引領學生認識國際組織的定義、功能、組織架構與運作模式等，進而探究國際組織在全球議題中的作用與影響力。就教學實施來說，則整合了及時反饋、概念講解、資料蒐集、模擬會議、專題製作與成果展示等多元策略，期能讓學生能主動地深入了解國際組織的相關知識，爲未來成爲一個全球公民（global citizenship）做好準備。就科技與媒體運用而言，則使用了即時反饋系統（如Kahoot）、文書處理軟體（如Google Docs）、模擬會議軟體（如Kialo Edu），以及簡報工具（如Canva），透過這些工具和應用程式的使用，學生能夠將知識轉化爲行動，進而培養全球公民的素養。

一、學習目標

（一）能了解國際組織的定義、功能和角色。

（二）能認識不同國際組織的組織架構和運作模式。

（三）能探索國際組織在全球議題中的作用和影響。

二、教學活動流程

（一）引起動機

　　教師使用Kahoot或Quizizz等即時反饋系統，進行一個關於國際組織的班級知識競賽，引起學生對國際組織的興趣，並初步了解學生對於國際組織的先備知識。

（二）基礎概念講解

　　教師使用簡報工具（如Google Slides）分享國際組織的基本概念，例如：國際組織的定義、功能、組織架構、成員國和運作模式等。

　　（以下教學活動教師可依據班級學生的能力、背景、程度等條件，選擇個人或分組方式進行）

（三）資料蒐集與發表

　　小組學生針對一個特定的國際組織，例如聯合國、世界貿易組織或世界衛生組織，使用網路資源蒐集相關資料，例如：組織歷史、結構、使命和主要活動等，整理成一份表單（如利用Google Docs），附上相應的圖片和資料來源，向全班同學發表。

（四）模擬會議

　　小組學生使用Kialo Edu或DebateGraph等辯論平臺，參與一個模擬國際組織會議，扮演不同國家代表的角色，討論和辯論關於全球議題的重要問題，例如氣候變化、人權、貿易等。過程中，學生學習如何表達觀點，並聆聽他人意見與達成共識。

（五）國際合作專題

　　小組學生使用Canva或Keynote等簡報工具進行一個國際合作專題，選擇一個全球議題，例如環境保護、難民問題或全球健康，共同研究和撰寫一份專題報告，包括問題分析、解決方案和行動計畫等。

（六）成果展示與總結

　　小組學生展示國際合作專題的研究成果和提出具體的行動建議，其他學生可以給予報告組別回饋、評論或建議。教師亦從旁針對學生報告的提問、疑惑或不足之處給予補充或修正，協助學生掌握本單元的學習重點與內容。

在社會領域中，行動學習的運用還可以做什麼？

社會科學數據庫和資源： 學生可以使用社會科學數據庫和資源，如World Bank Open Data、United Nations Data等，獲取和分析國際發展指標、人口統計數據、經濟數據等，以深入了解全球社會議題和趨勢。

線上模擬和角色扮演： 使用像Civic Mirror、NationStates等線上模擬平臺，學生可以扮演不同的角色（如政府官員、公民、外交官），參與虛擬政治和社會過程，學習民主、政治參與和公民責任。

交互式地圖和地理信息系統（GIS）： 學生可以使用ArcGIS Online、Google Earth或地理相關的App來探索地理資訊、繪製地圖、分析地理數據等。這些工具可以幫助學生理解地理概念、探索地理現象、研究人類活動對環境的影響等。

社會科學問題解決遊戲： 使用像World Peace Game Foundation、Democracy 3等社會科學問題解決遊戲，學生可以體驗虛擬政府管理和社會議題解決的挑戰，培養批判思維和決策能力。

線上歷史考察： 使用Google Arts & Culture、Museums of the World等線上文化和歷史資源，學生可以進行虛擬歷史考察，探索世界各地的博物館、歷史遺址和文化遺產，了解不同時期和文化的社會發展。

社會科學問題探究協作平臺： 使用像KQED Learn、Civics101等社會科學問題探究協作平臺，學生可以參與專題研究、討論和活動，與其他學生共同探索和解決社會議題，並與專家和社區合作。

資料來源：筆者整理。

099

第 **3** 章

科技媒體應用：翻轉教室篇

 章節體系架構

翻轉教室的意涵

翻轉教室的資源例舉

翻轉教室的教學應用示例

Unit 3-1
翻轉教室的意義與特點

翻轉教室（flipped classroom）一詞並非新興名詞，早在幾個世代前，教學現場即有類似的做法。2007年，新一波翻轉教室教學模式的先驅柏格曼和山姆斯（Bergman & Sams, 2012），在其高中科學課教學中，錄下他們的PPT簡報教學短片，給沒上到課的學生看，受到各界重視，翻轉教室開始盛行起來。那麼，翻轉教室的意義為何？其與一般教學模式或教學方法有何不同？

一、翻轉教室的意義

不同學者對翻轉教室的解釋有所不同，就現行翻轉教室而言，其中一個常用的定義是：「利用拍攝記錄教師課堂活動聲音影像的方式傳遞課程；學生在課前觀看影音檔，教師空出課堂時間來解決困難的概念、回答學生問題，鼓勵學生主動學習並建立與日常生活的連結。」（Stone, 2012）然而，也有學者認為，課前的自學不一定要經由影片或是網路，只要能夠提供合適的自學教材給學生，並給予好的引導，都有機會達到這樣的學習目標（Kim et al., 2014）。

顯見，翻轉教室是將過去教師在課堂講授的內容移至課前實施，讓課堂中師生互動的機會增加，且有更充裕的時間引導學習活動及解決學生問題，以促進學習成效的一種教學方法。

二、翻轉教室的特點

Sams認為翻轉教室有四個元素（Bergman & Sams, 2012）：（一）給予學生自主選擇學習時間與地點的彈性；（二）建立學生主動參與學習活動及討論的學習文化；（三）將上課時間發揮得淋漓盡致；（四）教學者能夠觀察學生的學習狀態並提供解決學習困難的機會。

黃國禎（2016）歸納不同學者的看法，進一步指出翻轉教室具備的特點有：（一）課堂中時間使用的變化，將課堂講述改以課前藉助影片或其他方式安排學生進行；課中則增加討論、進行專題、解題等活動的機會，以培養學生分析及評鑑的能力。（二）課堂外時間使用的變化，學生在課前以觀看影片或其他方式自學，而將原本寫作業的時間移到課堂中進行。（三）課堂外以學習記憶及理解層面的知識為主。（四）課堂中強調同儕互動、師生互動及問題解決，並以學習應用、分析及評鑑層面的能力為主。（五）使用科技，教師藉由自製影片、選擇教學平臺或其他網路系統，讓學生於課前或課後進行學習。

由此觀之，主動參與學習、形塑討論文化、時間空間彈性、解決學習困難乃翻轉教室的重要特點。

翻轉教室的歷史發展

翻轉教室的概念早在某些領域的大學課程翻轉了幾個世代，例如：人文學科的教授要求學生課前讀小說，社會學科教授常要學生課前探討觀念，法學教授要學生先閱讀司法個案。

2006年，孟加拉裔美國人薩爾曼‧可汗（Salman Khan）為了指導親戚小孩數學而錄製教學影片上傳網路，這模式受到微軟創辦人比爾‧蓋茲（Bill Gates）注意進而投資，成為今天的「可汗學院」（Khan Academy）。至今，每月都有超過百萬名學生會上網使用可汗學院學習，影片點閱次數亦高達數億次。

2007年，美國兩位高中化學老師柏格曼（Jonathan Bergmann）與山姆斯（Aaron Sams），為能幫助因故未能到校學生進行補救教學，於是先錄製影片上傳至YouTube，讓學生自己上網學習；課堂上再強化與學生互動、解惑或實驗，開啟「翻轉教室」的濫觴。

我國於2012年，由誠致教育基金會引入可汗學院架構，成立「均一教育平台」。為了配合臺灣教育的需求，此平臺亦開始錄製在地化的課程，開發在地化的線上題目，期能推動「翻轉教室」的理念。其後，相關中文化的平臺亦陸續開展，如學習吧、PaGamO、Cool English、教育部因材網等。

資料來源：筆者整理。

Unit 3-2
翻轉教室的優點與限制

圖解教學科技與媒體

104

　　相較傳統講述式的教學，翻轉教室到底有哪些優點與限制呢？綜合學者們的見解（黃政傑，2014；Acedo, 2013；Barseghian, 2011；Bergmann & Sams, 2012；Edwards, 2012；Francl, 2014；Walsh, 2011, 2012），茲將翻轉教室的優點與限制敘述如後：

一、翻轉教室的優點

　　翻轉教室有別於傳統教學活動的進行，不論從教材的使用、學習時間的安排、師生課堂互動與交流、高層次的目標學習、親師生的溝通，都可看出翻轉教室的長處與優勢，包括：（一）運用多媒體科技提供學生教材，學生能不受時空限制進行學習；（二）教師教學變得有彈性，除了原有的全班授課外，還多了小組指導和個別教學的時間；（三）促進師生或學生之間的互動與交流，教師會有更多的時間來引導、觀察、理解學生的學習，學生也要學習如何與他人討論、互動、溝通彼此的想法；（四）學生具備基礎知識概念後，能進行更多高層次的學習與活動，讓學習變得更有意義；（五）拉近親師生之間的距離，學生課前影片的觀賞，可能讓一同參與的家長了解教學的進度，共同的話題也開啟了親師生更多的討論與互動。

二、翻轉教室的限制

　　沒有任一教學模式是萬能的，用了翻轉教室也不一定就能真正翻轉教育，唯有注意翻轉教室可能存在的限制或遭遇的問題，才能讓其更加流暢、成功地運作。這些限制包含：（一）翻轉教室需要許多準備，如教師須付出額外的時間、精力、能力錄製教學短片；（二）短片教學及課外作業的屬性問題，若只是將二者倒轉，仍是一種傳統教學，教學需要更多豐富多元的模式以滿足學生需求；（三）短片製作應切合教學主題，除了演講式外，思考討論式、示範和練習等其他方法可否錄製影片；（四）學生在課外事先做好上課準備的問題，應考慮不同社經背景家庭有的資源或支援（如家裡是否有數位產品可使用）；（五）教師為了趕流行而推動翻轉及翻轉缺少人物力支持的問題；（六）教師只為了在課堂中教更多而做翻轉的問題；（七）學生銀幕依賴的問題，如果各科都在做翻轉，將導致學習過度依賴電腦等數位產品；（八）學生和家長的抱怨和不信任問題，認為教師利用影片替代教學。

　　藉由上述對翻轉教室此一教學模式優缺點的理解，才有助於翻轉教室的有效推展，不致落入為翻轉而翻轉的疑慮。

翻轉教室與傳統教室之比較

比較項目	翻轉教室	傳統教室
知識來源	專業領域定義的客觀知識	專業領域定義的客觀知識
教育目的	運用科技促進學生能自主學習，所有人具有平等的競爭力	培育符合社會需求的人才
教學方式	混合式學習、自主學習、同儕合作	囤積式教學
教師角色	引導者和協助者	知識傳授者
學生角色	主動參與者與探究者	被動接收者
師生關係	多向互動、共同探究	單向交流、上對下的關係
設備需求	科技設備、網路	無特別需求的設備

資料來源：修改自蔡瑞君（2014）。數位時代「翻轉教室」的意義與批判性議題。教育研究與發展期刊，**10**(2)，115-138。

Unit 3-3
翻轉教室的教學設計

圖解教學科技與媒體

106

科技融入教學過程中最重要的關鍵就是「教學設計」（沈中偉、黃國禎，2012），鑒於翻轉教室強調科技媒體的融入與運用，故其亦屬科技融入教學的模式之一，是以，透過良好的教學設計將有助於翻轉教室在班級課室中的有效推展。綜合學者們的見解（黃國禎，2016；Davies et al., 2013；Kay & Kletskin, 2012；Traphagan et al., 2010；Ginns & Ellis, 2007；Strayer, 2012），茲將翻轉教室教學設計的考量面向歸納如後：

一、教材面向

翻轉教室強調課前預習、課中討論與練習的教學模式，與師生長久以來習慣的教學活動安排有極大的不同，因此，在教材的選擇與安排方面，教師可從多數學生明確易理解的主題開始，讓學生先行熟悉學習方式的改變，建立學習的信心。假若貿然選擇觀念艱深或概念抽象的教材內容，讓學生透過觀看影片的方式進行自學，其結果勢將導致多數學生對學習感到挫折，學習效果大打折扣。

二、教學面向

翻轉教室並不是唯一有效的教學模式，不同領域、學科或概念的教學內容皆有其適用的教學方法或策略，故對於初次嘗試的教師來說，可以先選擇一學期幾週的課進行翻轉，再評估其成效後加以調整。此外，翻轉前，亦須向學生清楚說明翻轉教室的目的與做法，並且透過明確清楚的學習引導與鷹架，如揭示學習任務（觀看影片、學習重點），讓學生能將課前預習與課中討論與練習聯繫起來。

三、學習面向

翻轉教室實施的良窳，關鍵在於有效的課前預習與課中討論和練習，就前者來說，教師可透過適當的獎勵或回饋機制，鼓勵學生用心參與課前預習；或者，建立線上學習社群，透過小組成員間的相互督促或互助，完成學習任務。就後者而言，教師應規劃足夠的時間，讓學生能在課堂中充分的討論與完成課堂作業；抑或透過分組合作學習，藉由個別教導或同儕指導解決部分學生的學習困難或疑問。

四、評量面向

翻轉教室中，透過完整評量機制的建立，方可確認學生的學習成效。例如：教師自建或運用線上平臺內建的測驗題，即時檢測學生觀看影片後的理解程度；或者利用組內檢核表，掌握小組各成員的學習狀況。

五、媒體面向

媒體運用是翻轉教室推動的另一關鍵，因此，除教師自製媒體外，選擇一個適用的網路教學或學習平臺，不僅可以提供教學影片給予學生自學、記錄學生學習狀況，更能為課堂學習做好準備。

翻轉教室的教育目標與培養能力

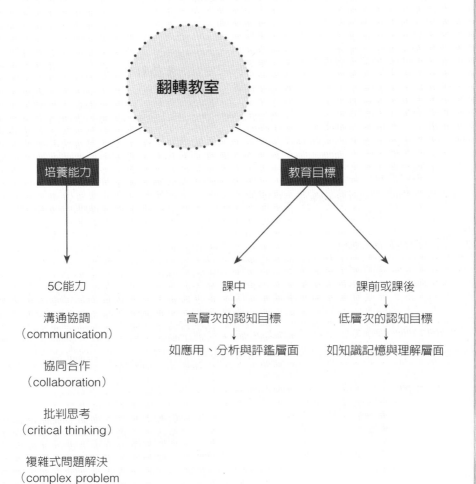

翻轉教室

培養能力

教育目標

5C能力

溝通協調
（communication）

協同合作
（collaboration）

批判思考
（critical thinking）

複雜式問題解決
（complex problem
solving）

創造力
（creativity）

課中

高層次的認知目標

如應用、分析與評鑑層面

課前或課後

低層次的認知目標

如知識記憶與理解層面

資料來源：黃國禎（2016）。翻轉教室的定義、目的及發展。載於黃國禎（主編），翻轉教室：
理論、策略與實務（頁2-20）。臺北市：高等教育。

Unit **3-4**
翻轉教室的教學實施

　　課室中翻轉教室該如何實施呢？綜合學者們在各領域所提出之翻轉教室教學模式或步驟（王秀鸞，2016；黃國禎，2016；葉丙成，2016；Gilboy et al., 2015），歸納一個翻轉教室的實施歷程必須考量的因素，包括：

一、課程階段

　　教學者可依課前、課中、課後等三階段依序實施翻轉教室教學活動。

二、課前準備活動

　　教師若是自製媒體，課前可將教材（如教學影片、簡報、書面資料）上傳至學習平臺，或是利用現成網路教學平臺，指派學習任務（如教學影片、測驗題）供學生課前完成；接著，學生可登入平臺預習課程內容，預習過程中，學生可利用網路搜尋與課程有關的資訊，或將遭遇的問題筆記下來或透過平臺提問，其他同學或教師也可以適時給予回饋。此外，教師可在平臺後端檢視學生的學習狀況，若平臺具有預警功能可即時通知進度落後或未完成學生，也可初步掌握全體學生課前預習情況，作為下一階段課中發展活動的指引。

三、課中發展活動

　　教師奠基於前述學生課前預習狀況的檢視，藉此掌握多數學生觀念不清楚或答錯率較高的試題，以便課中安排一系列高層次目標的學習，例如：針對教學內容的提問給予回饋、學生課前遭遇問題給予解答或安排討論、針對課程內容進行分組活動、指派小組學習任務進行討論與報告、針對學習困難學生給予個別指導或同儕輔導、線上或紙本習題的演練與解答、各項作業或習題的批改與訂正等活動。凡此種種，皆在翻轉傳統課室侷限低層次目標學習，並且偏重教師單向講述、學生被動聆聽的師生互動教學模式。

四、課後延伸活動

　　教師於課後可延續課中發展活動，例如：以回家作業形式，利用線上學習平臺評量題庫，發送測驗題檢核學生課堂學習成效；應用同儕互評的方式檢視學生學習作品或欣賞典範作品的策略來促進學習；撰寫學習日誌或筆記歸納與統整學習重點等。依此，讓整個學生的學習活動不再是片段瑣碎知識的累積，而能將課前、課中與課後學習活動緊密地連結，一以貫之，並藉由多元的學習策略提升學生的學科素養與能力。

　　上述翻轉教室的實施步驟與細項，並無一致的實施程序或固定標準，端賴教學者依課程屬性、學生背景、班級需求等特性彈性選擇與運用之。

翻轉教室可以運用哪些教學策略？

錄製教學影像：教師錄製短片或教學影像，介紹新的概念、知識和技能，供學生在課程之前觀看。這樣可以使學生在課堂上有更多參與互動和應用，而不是只是聽講（Bergmann & Sams, 2012）。

線上學習資源：提供學生在課堂外進一步學習和研究的線上資源，例如教學網站、數位圖書館、線上課程等。這些資源可以讓學生深入了解主題，並自主學習（Tucker, 2012）。

互動討論：課堂上教師可以引導學生進行討論、問答和互動活動，以加深學生對於主題的理解和應用，例如教師提出引導性或開放性的問題，促使學生進一步思考、交流和分享彼此的見解（Brame, 2013）。

問題解決：在課堂上進行問題解決和實踐活動，以應用學生在課堂外學到的知識。教師可以組織小組合作、討論或實驗，讓學生積極參與、思考和解決問題（Brame, 2013）。

個別輔導：在課堂上提供個別輔導和指導，讓教師有更多時間關注學生的個別需求和進步。這有助於適性教學和更好地支援學生的學習（Tucker, 2012）。

Unit 3-5
翻轉教室的媒體運用

從翻轉教室的定義可知，科技媒體的運用在翻轉教室中扮演關鍵要角的地位，以下分別從教師自製科技媒體與教師援用科技媒體的角度加以說明。

一、教師自製科技媒體

教師若選擇自製媒體來支援翻轉教室時，可遵循以下原則（Bergmann & Sams, 2012; Tucker, 2012）：

（一）清楚明瞭的內容

使用簡單明確的文字、語言、圖片或示例，確保媒體的內容清晰、易於理解和吸收，以幫助學生有效建構學科的知識和概念。

（二）強調關鍵的概念

媒體的目標應是幫助學生建立基礎知識，以便在課堂上進一步去應用和探索。因此，傳遞關鍵、核心的概念即可，避免過度複雜或深入的內容。

（三）適度運用多媒體

利用多媒體（如圖片、影像、動畫等）可以豐富內容，提升學生學習的興趣，惟過多的視覺和聽覺刺激可能分散學生的注意力，故宜適度使用。

（四）強化互動和參與

媒體中若能引入互動的元素，例如問題、測驗或活動，能夠確保學生在觀看媒體時保持積極的參與度，激發學生的思考。

（五）適當的時間長度

避免製作過長或過短的媒體，宜根據內容的複雜度和學生的年齡層，將媒體時間控制在適度的範圍內，以提供有效的學習經驗。

二、教師援用科技媒體——數位學習平臺的運用

教師自製科技媒體畢竟耗時費力，若能善用現有的網路資源，將有助於翻轉教室的推動。近年來，國內外數位學習平臺（E-Learning Platform）可謂蓬勃發展，從課程建置的角度觀之，筆者將其概略劃分成兩大類：一是開放式（open-end）平臺，指的是一個允許使用者自由地創建、分享和重製教育資源的平臺，例如：Google Classroom、1Know等，可以提供使用者上傳教材、連結影像、安排作業、編輯測驗等功能；另一是封閉式（closed-end）平臺，指的是一個限制使用者存取、分享和重製教育資源的平臺，例如：均一教育平台、Cool English、PaGamO等，這類平臺通常僅提供獨家的學習資源，不能讓使用者自由地創建課程。其次，也有介於二者功能的平臺，如學習吧，平臺中除了提供開發者創建的課程供教學者或學習者使用外，也允許使用者自行創建、分享或重製課程。此外，不論是開放式或封閉式平臺，皆有功能不一的後臺管理介面，方便教學者明白學生學習目標與學習成就、了解學生學習進度與學習情形、掌握學生學習活動與時間運用、發現學生學習問題與問題成因等，真正減輕教師的教學負擔，更有益於翻轉教室的推展。

其他適用中小學的數位學習平臺例舉

編號	名稱	概述	網址
1	臺北酷課雲	臺北市政府教育局建置，包括國小、國中、高中職階段教學資源。	https://cooc.tp.edu.tw
2	高雄市達學堂	高雄市政府教育局建置，內容包括語文、數學、科學、社會、藝術、體育等涵蓋不同年級的教學資源。	https://drlive.kh.edu.tw/drlive/
3	高雄市E-game	以遊戲式學習的方式讓學生進行自主學習，內容有英文單字的「英文島」、配合「程式翻轉城市」的主題開發「打寇島」、以訓練學生思考和邏輯推理能力的「賽斯島」及「史丹島」，及以數學為主的「美斯島」。	www.egame.kh.edu.tw
4	臺南市飛番雲—創課坊	集合全國各級機關、學者、學校、教師、學生、業者等，提供國小、國中各學習領域教學資源。	http://hahay.tn.edu.tw
5	DeltaMOOCx愛學網	由台達基金會、國家教育研究院以及數學、物理、電機電子等學群科中心共同合作建置，內容涵蓋高中職數學、物理、化學、生物、地球科學與電機電子群等六大群科影片。	https://high.deltamoocx.net
6	「科學Online」科技部高瞻自然科學教學平台	在科技部高瞻計畫指導下執行，為一具有指標性與權威性的科教網站，內容包括化學、物理、數學、生命科學、地球科學等學科知識。	http://highscope.ch.ntu.edu.tw/wordpress/
7	昌爸工作坊	李信昌老師專為中小學生設計的數學網站，內容包括數學故事、趣味數學、數學實驗、數學遊戲、數學教材、數學角落、數學試題、數學軟體、數學網站、數學討論、生活數學、數學CAI、娛樂數學、數學競賽等。	http://www.mathland.idv.tw
8	莫斯利細說自然科學國中理化生物地科教學網	團隊成員由莫斯利老師、李老師和張老師組成，他們曾在中大型補習班授課，或在國、高中學校教學，有豐富的教學經驗，更有著教學服務的熱忱，網站內容包括生物、理化、地球科學等影音教材，部分需要付費觀賞。	https://www.moseleytw.com
9	LIS情境科學教材	2013年就讀成功大學化學系三年級的嚴天浩，受到薩爾曼·可汗（Khan Academy創辦人）在TED演講中的啟發，創建此網站，希望能夠透過線上教育的力量，解決臺灣城鄉教育資源落差的困境，內容包括國中物理化學等影音教材。	https://www.lisedu.org
10	科普一傳十	以國高中師生為對象，目前累積將近200集，橫跨自然領域的科學教育節目。	https://etrans.tw

資料來源：筆者整理。

Unit 3-6
翻轉教室運用的啟示

　　若干研究結果顯示（張義松，2014；薛慶友，2019；Castillo & McIntosh, 2012；Sinha, 2011），將翻轉教室應用於課室教學，具有符應學生個別程度、提升學習動機與成就、發掘與診斷學習問題等特點，其對傳統師生一對多的教學形式勢必帶來諸多啟示，歸納如後：

一、教師角色的調整

　　傳統以教師為中心的課室教學，教師主要扮演課室的主宰者、知識的傳遞者與學習的灌輸者等角色；反之，翻轉教學讓教師不再成為知識傳遞與應用的中心，配合教師自製媒體或學習平臺循序漸進的教學引導，教師更能精確地掌握個別學生的學習進度與察覺學生的學習問題，是以，教師的角色將重新賦予意義，成為學生學習的引導者、促進者、輔助者與監督者的角色。

二、教學型態的轉變

　　在教學活動方面，傳統課室的教學主要是課堂的講解與課後作業的安排；翻轉教室的教學應用則可結合課前教學影片的觀看與課堂的練習進行。在授課內容方面，傳統課室的教學內容主要是配合教材進行知識的講授；翻轉教室的課程內容則是配合知識結構，針對單一主題或概念由簡到難的解說與練習。在教學評量方面，傳統課室的評量運用主要以紙筆測驗為主，關於學習問題的診斷與追蹤較為不足；翻轉教室的評量規劃則針對主題設計一系列的相關問題供學生練習，並藉由統計資料診斷學生學習問題與追蹤學習情形。

三、科技媒體的善用

　　翻轉教室將科技媒體應用於教學，將可讓教師擺脫機械式的知識傳授，轉而擔負更高層次的任務，諸如引導學習、啟發學生、提示新觀點、補救教學、差異化學習等。換言之，讓教學科技成為課室教學的助力，而非阻力，正如Khan（2012）所言，在教育的世界裡，我們不應害怕科技，而是該擁抱科技。

四、學習方法的改變

　　傳統課室的學習總是在固定的時間內，針對特定的主題或觀念進行學習，一旦時間結束，哪怕部分學生趕不上進度或觀念不甚清楚，仍需齊一地進入下一主題或單元。至於翻轉教室的學習，學生則可依自己的目標、個人的步調，循序漸進地完成學習。與傳統相較，相同的是兩者最終皆在尋求觀念的澈底理解，相異的是學生理解概念所需的時間有所不同。因此，學習方法顯得更為彈性，貼近學習者的需求。

翻轉教室運用的挑戰

翻轉教室運用的挑戰

教師意願有待提升　　　教學模式仍需突破　　　學習效果尚待檢驗

教師角色不易調整
教學習慣不易改變
對教學科技不熟悉

線上學習有其缺點招致批評
學習方法受限軟硬體
教學影片仍是解說缺乏新意

對學科學習成效的提升與否有待驗證

資料來源：薛慶友、傅潔琳（2015）。數位學習平台的應用特色與評析。臺灣教育評論月刊，**4**(4)，77-84。

Unit **3-7**
均一教育平台

本書將「均一教育平台」歸類為翻轉教室的媒體資源，其係由國內「誠致教育基金會」於2012年引入美國「可汗學院」（Khan Academy）架構，成立的本土線上教育資源平臺，希冀提供免費優質的線上學習資源，致力幫助每一位使用者「喜歡學」、「學得會」與「學會學」（誠致教育基金會，2012）。

一、註冊或登入方式介紹

使用者可以利用各搜索引擎在網址列輸入「均一教育平台」進入網站，接著，可以利用個人電子信箱註冊，或是利用Facebook、Google、教育雲端帳號等第三方帳號登入，即可順利進入網站首頁。

二、操作介面與功能說明

進入網站後，畫面正上方從左至右分別有課程探索、合作夥伴、教學管理、學習主頁等功能，其中，「課程探索」含括數學、自然、國語文、英語文、電腦科學、素養、社會等課程；「合作夥伴」連結如酷課雲、南一、康軒、翰林、臺灣吧、因材網、酷英、台達磨課師、博幼、LIS情境科學教材、數感實驗室等異業合作專區；「教學管理」部分，計有班級設定、指派任務與班級數據等功能，教師可以自行創建一個班級，把學生加入班級指派學習任務與進行後臺管理，方便教師掌握與追蹤學生學習歷程（包括教材觀看時間、線上評量結果等）；至於「學習主頁」則列出個人累積徽章、查詢階段時間達成任務、安排個人學習計畫、了解個人技能進展情形、顯示個人參與活動等資訊。

從教學者與學習者的角度觀之，均一教育平台有完善的教學、評量與學習歷程追蹤機制，在各課程中又以數學科教材與評量建置最為完善（可對應各版本含括一年級到十二年級的教材）。薛慶友、傅潔琳（2015b）歸納指出，精熟學習（Mastery Learning）是此類平臺發展背後重要的理念，亦即強調每一個學習者能夠依照自己的進度學習，在了解進階觀念之前，必須對基礎觀念有所掌握。筆者試用即發現，對應每一單元主題或概念，學習者必須通過四個測驗關卡，才能得到精熟認證，藉此檢視個人對於學習主題或概念的理解程度，而且各關卡之間會有間隔時間，如關卡一至關卡二必須間隔六小時才可挑戰，可謂真正考驗學習者對於學科概念的精熟與否。惟相較數學教材的完整性，其他學科的教材與內容建置或許起步較晚，部分單元內容較為闕漏，仍待持續開發與擴充。

均一操作介面與功能

5分鐘認識均一

老師如果想將「均一」運用於班級教學，可以怎麼做？

在「教學管理」建立「班級」，編輯班級「學生」名單，並為每一學生設立「帳號」與「密碼」。

在「教學管理」指派學生「學習任務」，任務可以是觀看「教學影片」、「測驗題」或各種「評量卷」。

匯入學生「教育部國中小學習扶助科技化評量測驗報告」，針對學生未通過測驗的「指標或觀念」，指派「學習任務」（如測驗題），進行補救教學。

安排學生進行「課程探索」（如素養課程中的「思考力訓練」單元，培養學生自主學習能力。

資料來源：筆者整理。

Unit 3-8
學習吧

　　本書將「學習吧」歸類為翻轉教室的媒體資源，其係由信望愛文教基金會於2012年透過多普達國際股份有限公司開發的數位教育平臺，多年來透過平板的捐贈與國內中小學師生合作推行行動學習計畫，以逐步實現行動學習「Anytime、Anywhere」、學習無國界的理想（信望愛文教基金會，2012）。

一、註冊或登入方式介紹

　　使用者可以利用各搜索引擎在網址列輸入「學習吧」進入網站，接著，可以輸入個人Email註冊，或是利用Facebook、Google、教育雲端等帳號快速註冊。註冊後，每次使用可採與註冊同樣的方式登入；此外，若是由教學者創建課程設定「附屬帳號」，學習者可以不需透過註冊直接以附屬帳號登入，非常方便。

二、操作介面與功能說明

　　進入網站後，畫面正上方從左至右分別有課程總覽、線上活動、我的課程、進階學習、教學素材等功能。其中，「課程總覽」包括素養課程與學科課程，前者含括國語能力、英語能力、科學能力、雙語專區等教材；後者整合各版本教科書商（如翰林、康軒、南一）自行建置的各領域縱貫一年級至九年級的教材。「線上活動」則是平臺不定期針對全國中小學生推出的線上競賽活動，如平臺最近一期公告的「菁英特務學院—地球保衛計畫」活動。「我的課程」則可以讓教學者自行「新建課程」或是利用平臺現有內建課程「加入課程」，供教師教學與學生學習之用。「進階學習」則提供平臺歷年打造的熱門課程推薦，或是付費課程連結；至於「教學素材」另提供師培專區、教學資源網、FB教師討論區、Line小幫手等連結。

　　依筆者檢視與試用經驗發現，此平臺提供的素養課程諸如國語日報、國際新聞、唐詩精選、成語故事、節慶英語故事、大家說英語、AI程式課程、水土保持好好玩、科普閱讀課程等，種類多元可提供不同年齡層的學習者使用、且定期或不定期更新教材；此外，部分課程利用AI技術，讓學習者能針對學習內容（如讀報）錄製個人語音，並能即時檢視錄製成效，訓練口語表達能力，且可配合素養考題測驗，了解個人學習成效，是本平臺的一大創新與特色。至於學科課程是由出版社授權或自建的方式完成，提供如電子書或測驗等內容，因教材來源不同（非同一批人建置），可能導致品質或標準不一，教學者使用時可多加留意。

學習吧操作介面與功能

5分鐘認識學習吧

老師如果想將「學習吧」運用於班級教學，可以怎麼做？

- 在「成員管理」創建「班級群組」編輯班級「學生」名單，並為每一學生設立登入「附屬帳號」與「密碼」，讓學生快速進入班級課程。

- 可以複製學習吧「內建課程」，如唐詩精選、成語故事等，加入學生名單，引導學生使用課程內的資源，如動畫、文本、朗讀、閱讀理解測驗等。

- 可以利用學習吧「新建課程」，並配合學習吧提供的書籍、影片、連結、音檔、測驗、作業、課間等七大「素材」，建立專屬班級師生教與學的課程。

- 可以配合班級選用的版本教科書，選擇學習吧的「學科課程」，利用內建的電子書、測驗等功能，進行領域的教與學。

資料來源：筆者整理。

Unit 3-9
教育部因材網

　　本書將「教育部因材網」歸類為翻轉教室的媒體資源，其係由教育部委託臺中教育大學於2016年建置而成的學習平臺，是少數具有官方色彩的平臺，主要功能諸如智慧適性診斷、知識結構學習，以及提供「素養」導向題材等（師友雙月刊編輯部，2020）。

一、註冊或登入方式介紹

　　使用者可以利用各搜索引擎在網址列輸入「教育部因材網」進入網站，接著，可以依據個人身分利用三種方法登入／帳號申請，如果是「老師或學生」，可以使用教育雲端帳號／縣市帳號登入；如果是「一般會員」，可以使用教育雲一般會員或Google、Facebook、Line等帳號登入；如果是「因材網登入」，則是透過校管或老師自行在因材網建立帳號登入。

二、操作介面與功能說明

　　如果以「老師身分」進入網站後，畫面上方從左至右分別有操作介紹、課程總覽、指派任務等功能，其中，「操作介紹」針對教師、學生、校管與家長，分別提供基本功能操作影片與操作手冊可參考。「課程總覽」含括國小、國中、高中、技高、大考、議題／素養、特色專區、高教等課程，以國中為例，包括國語文、數學、英語文、理化、生物、地球科學等學科教材，對應能力指標，分別列出相關的教學影片、練習題或動態評量。「指派任務」則可選擇知識結構、單元診斷測驗、縱貫診斷測驗、核心素養評量、素養導向試題、學力測驗考古題等等任務，指派學生完成。此外，畫面左方則有任務儀表板、討論（如筆記）、班級管理（如帳號）、備課區（如課程包）、學習扶助（如科技化評量）、報表（如測驗報告）等快捷功能。

　　經筆者初步檢視各內容發現，目前建置較為完備的國語、數學、自然、英語等學科，涵蓋一到十二年級教材，國語是以能力指標發展教學內容，包括識字與寫字能力、閱讀能力、寫作能力等；數學與自然可透過不同版本選擇單元主題，每一主題或子題包含影片、練習題、動態評量、互動學習等項目，可供學習者彈性使用；英語則包括語言能力、學習興趣與態度、學習方法與策略、文化理解、邏輯思考、判斷與創造力等要項。從一般使用者的角度觀之，此平臺運用AI技術，進行學習者的適性診斷，乃其優於其他類似平臺之處。然而，因其隸屬官方平臺，對於使用者的身分辨識較為嚴謹，若是以一般使用者的身分登入，平臺中的諸多功能將無法使用，較為可惜。

因材網操作介面與功能

5分鐘認識因材網

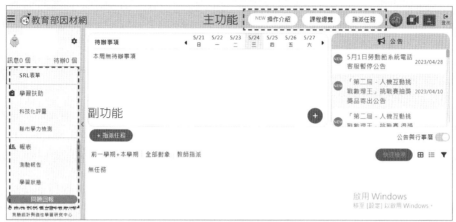

老師如果想將「因材網」運用於班級教學，可以怎麼做？

在「指派任務」選擇「知識結構」，可以指定班級學生觀看「影片」、做「練習題」或「動態評量」，進行課前預習；學生也可以將預習過程透過「筆記」和「提問」，掌握學習重點和疑問。

在「指派任務」選擇「單元診斷測驗」或「縱貫診斷測驗」，可以組織單元或主題試卷，給予班級學生施測，了解學生單元學習情形或先備知識基礎。

在「指派任務」選擇「核心素養評量」，可以引導學生探究「合作問題解決」或「全球素養」議題。

在「指派任務」選擇「學力測驗考古題」，可以指派歷年學力測驗考試題目供學生練習。

在「備課區」設計好「SRL表單」（包括檢核表、同儕評分表、組間評分表、組內評分表）後，透過「指派任務」，可以讓班級學生針對學習歷程或學習成果，進行自評或互評。

在「學習扶助」中，針對學生「科技化評量」結果，有答錯或不清楚的題目或概念，指派練習題供學生練習。

資料來源：筆者整理。

Unit 3-10
PaGamO

本書將「PaGamO」歸類為翻轉教室的媒體資源，其係由幫你優股份有限公司於2014年成立的學習平臺，以「Learn together, learn better, and learn more happily」為願景，打造的全球首創線上電競學習平臺，期望以創新的多人在線遊戲化學習法大幅提升學習動機（幫你優股份有限公司，2014）。

一、註冊或登入方式介紹

PaGamO是一個跨平臺的應用程式（包括iOS、Android、網頁版），使用者可依個人載具分別在Play商店（Android系統）與App Store（iOS系統）搜尋「PaGamO」安裝此App，或者利用各搜索引擎在網址列輸入「PaGamO」進入網站首頁。以網頁使用為例，使用者可以用教育雲端或縣市帳號，或是Facebook、Google、Apple ID、Twitter等帳號註冊登入，非常快速方便。

二、操作介面與功能說明

如果以「老師身分」進入網站後，畫面上方從左至右分別有PaGamO介紹、素養學習、心願雜貨店等連結；畫面中間則呈現進入遊戲、素養學習中心、教師後台等功能；畫面下方則羅列國中世界、國小天地、高中職世界、小小防災士、小霹靂學園等十多個主題課程與素養專區。以國小至高中職主題課程區為例，內容涵蓋各版本教科書各科目題庫以及閱讀素養題，教師可使用題庫選題指派任務或安排回家作業，讓學生透過遊戲任務完成作業；同時，教師可藉助後臺查看學生答題狀況，適時進行補救教學。

經筆者初步試用，以國小天地為例，當教師新增班級後，可以在畫面左側功能選單，看到「學生管理」、「作業管理」、「統計分析」、「我的題目」與「教學資源」等五大功能。其中，學生管理部分，可以讓教師看到學生成員名單與發送班級訊息通知；作業管理部分，可以依教師教授版本、科目、學年度與年級，指派測驗試題供學生施測；統計分析部分，則可以讓教師看到全班學生作業或測驗答題概況（如排名、完成度、正確率、作業分數、錯題排行、章節分析等資訊），可說一目了然，甚至可將資料匯出供參。至於我的題目與教學資源部分，則可讓教師建立個人題庫，以及觀看他人分享作業直接引用出題，非常方便。具體而言，PaGamO與其他平臺最大的差異，不在以教材教學為導向，而係透過遊戲式評量的方式，強化學習者的學習動機以促進學習，讓學習者從遊戲中真正感受學習的樂趣，可謂寓教於樂！

PaGamO操作介面與功能

5分鐘認識PaGamO

PaGamO的其他應用

其他課程

PaGamO除了運用在各版本學科評量外，還可以在其他課程的評量使用，例如：補救教學、金融理財教育、閱讀認證、反毒教育、防災教育、永續議題等。

獎勵機制

PaGamO有針對教師與學生設立獎勵機制，教師可在每次指派測驗時設定獎勵項目與數量，給予學生正增強，激勵他們的學習動機。如：學生每答對一題指派題目，教師可獲得五個QP（題目點數），累積後可購買任務獎勵學生。

線上競賽

PaGamO會不定期舉辦各項線上競賽，例如：目前網站首頁有基智冒險生活、波鴿熱夏鳳梨島遊記、高級特訓班、水域戰士的崛起等競賽，可以讓學生培養更多的素養知能。

素養課程

PaGamO首頁素養學習中心選單，建置有「素養品學堂」和「英語素養聯盟」課程，可讓有意強化個人國語文與英語文素養的學習者，付費購買包裝課程，藉此逐步提升個人語文素養。

資料來源：筆者整理。

Unit **3-11**
Cool English英語線上學習平臺

圖解教學科技與媒體

122

本書將「Cool English英語線上學習平臺」（以下簡稱Cool English）歸類為翻轉教室的媒體資源，其係由教育部委請國立臺灣師範大學英語系教授陳浩然團隊於2015年建置而成的英語線上學習平臺，以聽力、口說、閱讀、寫作、字彙／文法、遊戲、學習扶助內容及會考專區進行課程規劃，藉由多元豐富的內容培養學生全方位的英語能力（國立臺灣師範大學英語系，2015）。

一、註冊或登入方式介紹

以網頁版為例，使用者可以利用各搜索引擎在網址列輸入「Cool English」進入網站，接著，可以使用Facebook、Google帳號、教育雲端帳號，或者酷英帳號註冊後登入，操作十分方便。

二、操作介面與功能說明

如果以「教師身分」進入網站後，畫面上方從左至右分別有課程專區、比賽專區、協助中心，以及我的班級等功能選單。另外，右上角個人頭貼／姓名處，則顯示個人資料、我的班級、觀看紀錄、學習歷程、比賽歷程、學習時間等資訊。以「課程專區」來說，分成國小、國中、普高與技高等區塊，並羅列如課本戰力提升包、聽力、口說、閱讀、字彙、遊戲、寫作、文法、歷屆學力測驗檢測區、學習扶助、空英口說教學影片及教案專區、會考增分區、升學考試戰鬥營等資源，可說非常多元。「比賽專區」部分，亦針對國小、國中、普高與技高，不定期舉辦各類競賽，如口說、K歌、自主學習等，鼓勵學生挑戰精進自己。「協助中心」含括常見問題、團體註冊、下載專區、研習申請及錯誤回報等連結，可讓使用者依個別需求點選或提出申請。至於「我的班級」，則在教師申請成為酷英線上教師通過審核後，即可建立自己的班級引領學生學習。

經筆者初步檢視各內容發現，Cool English的英文資源可謂琳琅滿目、五花八門，舉凡電影、動畫、影片、繪本、漫畫、音樂、遊戲、新聞、俚語、藏書、語音辨識、線上練習，不一而足，囊括了小學至高中（普高與技高）國內外豐富的英文資源，只要學習者願意嘗試，彷彿有取之不盡、用之不竭的免費英文教材可以利用。甚者，還提供了學力測驗、會考、升學考試、英檢多益、統測等考試資源，可讓學習者在考前練習考古題或衝刺增分之用。總括來說，Cool English是一資源豐富的英語線上學習平臺，惟也因太過「豐富」，對初學者來說，若沒有適度的引導，要如何善用這些資源，可能需要更多的時間摸索和嘗試，才能真正感受這些資源為英文學習帶來的好處。

Cool English操作介面與功能

5分鐘認識Cool English

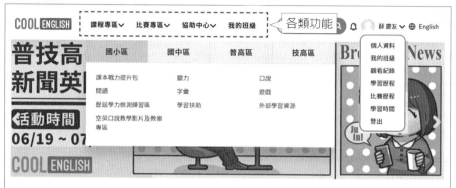

老師如果想將「Cool English」應用於班級英文教學，可以怎麼做？

教師申請

在主畫面右上角個人頭貼／姓名處，點選個人資料，提出教師申請，審核通過即可創建班級。

建立班級

在主畫面上方「班級管理」建立新班級，待創建班級後，教師可進行成員管理與學習管理。

指派任務

在「班級管理」畫面，點選「課程管理」，教師可以指派任務給學生，包括選擇指派內容（如學習階段、選擇課程）、指派設定（如指派班級、完成時間、指派說明）等。

後臺管理

在「班級管理」畫面，點選「課程管理」，可以看到學生指派任務的達成情形與成績；另點選「學習歷程」可以看到班級學生某段時間的課程參與數與學習時間。

資料來源：筆者整理。

Unit **3-12**
財團法人博幼社會福利基金會

本書將「財團法人博幼社會福利基金會」（以下簡稱博幼）歸類為翻轉教室的媒體資源，其係由博幼基金會於2002年成立的網站，秉持「不能讓窮孩子落入永遠貧困」的理念，藉由社工及教育兩大服務方法，培育社區師資與開發學習教材，讓偏鄉孩子有充足的學習資源與機會（博幼基金會，2002）。

一、註冊或登入方式介紹

由於平臺成立目的乃針對學習落後學童課業扶助之用，故沒有任何註冊與登入方式，只要非商業用途，任何人都可免費取得資源運用。

二、操作介面與功能說明

進入博幼網站後，首頁往下即可看到三類的學習資源，由左至右分別是博幼數學教材、博幼英文教材與博幼閱讀教材，使用者可依個人需求點選，除了可連結、觀看或下載外，也可在下方「快速下載區」下載各類想要的資源。此外，首頁右上方「免費教學資源」亦有上述教材的連結路徑。

以數學教材來說，包括學習起點評估、國小、國中、高中與其他資源等類別，從四則運算、代數到幾何定理證明，透過各種例題，循序漸進解釋各種觀念，提供各類習題，幫助學生理解與加強數學概念。又以英文教材來說，分成學習起點評估、線上題庫、發音、單字、文法、閱讀、聽力、其他資源等類別，教材由淺至深，可幫助學習者了解學習進程；此外，各類線上資源、練習題與學習單可輔助加強英文概念，而國

際時事的融入，則可同時擴展學生的英文閱讀能力與國際觀。再以閱讀教材來說，其含括國際新聞、國際觀檢測網、國學常識、普通常識（歷史篇、科學篇、文學篇）、古典音樂、徜徉詩海等類別，讓學生從大量閱讀開始，再接觸每週國內外大事，以強化學生的國際觀以及批判思考的能力；進而增加閱讀普通常識文章，以豐富學生的學科知識，並與實際生活做連結。

總括來說，博幼網站並非以營利為目的，扶助弱勢是網站經營最大的宗旨，因此，相較其他學習平臺，免費與開放下載是其最大的特色。只要非商業使用，使用者可以完全不受網站框架的限制與規範，依個人的需求、條件或情境，逕自下載需要的教學資源加以利用，可謂讓教育相關人員受益匪淺！

博幼操作介面與功能

5分鐘認識博幼

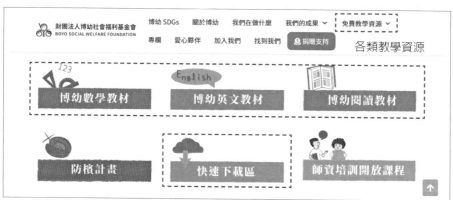

各類教學資源

博幼使用例舉

學習起點評估

針對國小與國中數學和英文，進行學習起點評估，了解個人的學習程度。方式可下載試題紙本或利用博幼線上題庫系統施測，測驗後可對照分數標準，了解通過與否。

下載教材

使用者可依個人需求，下載博幼英文、數學或閱讀等各類教材，下載後可逕自透過電腦閱讀或影印使用。教師也可將檔案連結至線上平臺（如Google Classroom），作為班級學生學習補充資源。

教學影片

數學教材中，有國小與國中數學觀念的影片、會考題目講解影片、程式語言教學影片等，可提供學習者自行觀看自學。

練習與評量

針對數學、英文與閱讀，提供各類練習題（本）、檢測卷、評量卷等，可提供學習者各類教材學習後進行檢測，掌握學習成效。

資料來源：筆者整理。

Unit 3-13
國語文領域的應用示例

本教學方案，係以「學習吧」融入國語文領域的方式進行。就教學單元而言，以「成語故事」單元為例，使學生能了解成語背景典故，幫助學生確切掌握成語的使用；就教學實施來說，透過多元教學策略的運用，循序漸進地引導學生從成語典故的認識開始，接著討論與分析成語故事的情節及相關意涵，以及透過錄音與實作活動，進一步培養學生口語表達與生活應用的能力；就教學媒體運用而言，則在引領學生善用「學習吧」的成語故事素材，能流暢地閱讀成語故事、理解故事內涵，以及適切運用於日常生活中。

一、教學目標
（一）能認識重要的成語故事。
（二）能流暢地閱讀一篇成語故事。
（三）能理解成語故事的內涵。
（四）能適切地運用成語於日常生活情境中。

二、教學活動流程

（一）課前預習
課前學生利用個人設備登入學習吧閱讀成語故事，並利用平臺內建畫筆將重要、疑問或有經驗的內容畫記下來，留待課中進行分享。

（二）分享、欣賞與發表
學生分享課前預習情形，教師與其他同學適時給予回應。接著，教師利用電腦或平板播放與成語有關的動畫或影片（YouTube），並在學生觀看完畢後，詢問學生：「聽到或看到哪些令你印象深刻的故事重點或內容？」

（三）實作、討論與報告
教師引導學生分組利用心智圖App（如MindMapper），依「緣起」（故事背景）—「過程」（發生什麼事）—「結果」（故事結局或結果）等三步驟分析成語故事內容，並進行口頭報告。

（四）討論與報告
教師引導學生分組利用協作軟體（如Google Docs）討論成語故事內容，以「鶴立雞群」成語為例，引導學生討論：「如果你是嵇紹，你會奮不顧身保護晉惠帝嗎？」「你覺得為什麼晉惠帝不讓僕人洗去袍子上的血呢？」

（五）線上測驗與檢討
教師利用學習吧內建的成語故事測驗，即時檢測學生對於成語故事的掌握程度，並針對錯誤率較高的試題進行檢討，以協助學生釐清困難或不足之處。

（六）錄音與分享
教師利用學習吧內建的錄音功能，引導學生朗誦成語故事片段內容，並進行公開分享，增進學生口語表達的能力。

（七）課後應用與練習
課後學生登入學習吧，以文字繕打的方式，將本單元新習得的成語藉由造句或短文寫作等形式進行實際應用。教師可在平臺後臺觀看學生練習結果，並從中挑選若干學生成果於下一節課進行分享與同儕觀摩，必要時給予指導或修正。

在語文領域教學中，我們還可以利用「學習吧」做什麼？

教師可利用「國語日報」教材，引導學生掌握國內重要新聞，並可利用「我是小主播」練習播報新聞，或是利用「我是小主播」向他人分享讀報內容或心得。

教師可利用「唐詩精選」教材，引導學生觀看唐詩動畫、唐詩內容與語意，並配合唐詩朗誦、語詞測驗與閱讀理解，掌握唐詩的寫作情境與重要意涵。

教師可以利用「一眼看天下」或「國際大百科」教材，引導學生掌握國際新聞時事，並利用閱讀理解測驗，即時檢視個人閱讀成效，評估對國際新聞的理解程度。

教師可以利用「節慶英語故事」、「大家說英語」與「英語初級與中級閱讀」教材，引導學生閱讀各類英語文章，培養英文閱讀能力，並善用閱讀測驗與口說練習，增進個人的閱讀理解和口語表達能力。

資料來源：筆者整理。

Unit 3-14
數學領域的應用示例

圖解教學科技與媒體

128

本教學方案，係以「均一教育平台」融入數學領域的方式進行。就教學單元而言，以「圖形的規律」單元為例，引導學生透過具體觀察及探索，察覺圖形的簡單規律及樣式；就教學實施來說，則在透過課前預習、課中討論與發表、課後複習等方式，循序漸進地啟發學生的數學思考與推理，歸納圖形的規律與解題方法；就教學媒體運用而言，則在引領學生善用「均一教育平台」的觀看影片與練習題功能，充分做好課前預習、課中練習與課後複習。

一、教學目標

（一）能透過觀察與探索，察覺圖形排列的簡單規律。

（二）能透過圖形樣式的探索，察覺數量關係。

（三）能描述圖形樣式的特色。

（四）能針對圖形規律做出預測，並提出解題方法。

二、教學活動流程

（一）上課前

1. 指派任務：教師於課前提出預習問題，如：「如何找出圖形的規律？」並利用「均一教育平台」指派預習任務（包括觀看教學影片與練習題練習），供學生掌握課前預習方向與學習重點。

2. 撰寫筆記：學生完成「均一教育平台」教師指定的預習任務，並撰寫預習筆記，藉此回應預習問題，進一步掌握學習概念與重點。

（二）上課中

1. 檢視任務：教師利用「均一教育平台」後臺檢視學生課前預習任務執行情形，從中找出學生錯誤率較高的觀念與習題。

2. 討論與發表：教師引導學生針對課前預習問題或不足觀念，進行分組討論，並請學生將小組討論結果發表出來，藉由組間的相互觀摩、回饋或評論，釐清單元的學習觀念與重點。

3. 例題解說或討論：教師提出課本例題或另外布題，針對較難或不易理解的例題，由教師親自解說；而針對容易理解的例題，則可引導學生分組討論解題方式，藉此驗證學生對於本單元數學觀念的掌握與應用情形。

4. 筆記檢核：奠基前述學習基礎，教師引領學生再次檢視個人課前預習筆記，針對錯誤或闕漏之處加以修正，以確實掌握本單元學習重點或概念。

5. 練習與指導：教師指派學生利用載具（如平板）完成「均一教育平台」學習任務（如課前預先出好的3~5題練習題），根據學生作答結果，針對班級學生錯誤較多的例題或學習困難者，進行教師指導或同儕輔導。

（三）上課後

教師引領學生利用「均一教育平台」進行進階關卡挑戰（完成進階練習題），或指派額外的練習題供學生挑戰。

在數學領域教學中，我們還可以利用「均一」做什麼？

在單元教學後，教師可以利用「教學管理」中的「評量卷」功能，編輯「單元後測」供學生施測；或者利用「自組考卷」功能編輯一份完整試卷評量學生，藉此掌握學生單元的學習情形。

在單元教學前，教師可以利用「教學管理」中的「評量卷」功能，編輯「單元前測」供學生施測，藉此了解學生的數學先備知識。

教師可以利用「教學管理」中的「學習扶助評量」功能，匯入學生「教育部國中小學習扶助科技化評量」數學評量報告，針對學生錯誤試題或迷思概念，指派練習題供學生練習。

教師可以利用「課程探索」中的「狐狸貓數理素養」課程，選取所需的數學主題，如平方根與畢氏定理，點選相應的素養動畫，以指派任務的方式供學生觀看，作為學生相關數學概念的補充資源。

資料來源：筆者整理。

Unit **3-15**
英語文領域的應用示例

圖解教學科技與媒體

130

　　本教學方案，係以「Cool English」融入英語文領域的方式進行。就教學單元而言，以「How was the Weather in Australia?」單元為例，使學生能夠了解與天氣有關的字彙、句子及文法。就教學實施來說，透過課前影片、動畫、文章與測驗的觀看與練習，課中討論與角色扮演，以及課後閱讀、聽力與寫作的延伸學習，循序漸進地引導學生能將所學應用於日常生活中。就科技與媒體運用而言，則在運用線上英語教學平臺提供的多元資源和功能，支持學生的英文學習和發展。

一、教學目標

（一）能聽、說、讀和寫與天氣相關的英語詞彙和句子。

（二）能描述澳洲的天氣情況並進行相關對話。

（三）能運用英語線上學習平臺進行自主學習和練習。

二、教學活動流程

（一）課前預習

　　課前學生利用個人設備登入Cool English「How was the Weather in Australia?」單元，配合平臺內建的動畫、影片、文章、測驗等要項，先行熟悉單元內容，包括：

1. 觀看影片：觀看關於天氣的教學影片，學習與天氣有關的字彙，以及文法（WH-問句、代名詞所有格）。

2. 閱讀教材：閱讀與澳洲天氣相關的文章，了解澳洲的氣候特點。

3. 聽力練習：觀看與聆聽關於天氣的教學動畫，透過動畫情境，了解談論關於天氣的詞彙與用語。

4. 線上測驗：完成線上練習和測驗，確認他們對字彙、文法、閱讀和聽力的理解程度。

（二）課堂活動

1. 了解課前預習情況：教師利用Cool English後臺管理功能，掌握班級學生預習情形，並針對學生答題錯誤、疑問或不足，給予指導與解說。

2. 討論與角色扮演：教師組織學生進行小組討論和角色扮演活動，包括：

（1）提供問題和情景：教師提供問題和情景，引導學生就澳洲的天氣情況進行對話。例如：問題可以是："How was the weather in Australia last week?"，情景可以是：一位學生扮演旅遊者，另一位學生扮演當地居民，進行關於過去天氣的對話。

（2）學生互動和對話：學生在小組內兩兩進行對話，互相詢問和回答有關澳洲天氣的問題，並運用預習所學的詞彙和句子進行溝通。

（三）課後學習

　　學生進行延伸學習和應用所學的知識，包括：

1. 閱讀和聽力練習：學生進一步閱讀關於澳洲天氣的文章，聆聽有關澳洲天氣的聽力練習，提升他們的閱讀和聽力能力。

2. 寫作任務：學生撰寫一篇關於天氣的短文，描述過去或現在的天氣情況，並在線上平臺上分享和評論彼此的作品。

3. 自主練習：學生使用英語線上教學平臺提供的額外練習資源進行練習。

在英語文領域教學中，我們還可以利用「Cool English」做什麼？

在「課程專區」，有連結「會考增分區」與「歷屆學力檢測練習區」，提供歷年測驗試題與詳解，可以提供學生考古題練習。另有補充課程，可在考前強化個人的英語能力。

在「課程專區」，有聽力、口說、閱讀、寫作、字彙、文法、遊戲等多元素材的連結，包括網站、影片、動畫、卡通、繪本、漫畫、遊戲等，應有盡有，可以提供教師導學或學生自學。

在「課程專區」，有連結「學習扶助」資源，可讓學生掌握各年級學習重點，搭配進度預習和複習。亦有「外部學習資源」連結，提供故事、遊戲、字彙、聽力、口說、歌曲、新聞等國內外英語學習相關資源。

在「比賽專區」，會不定期舉辦各項競賽，如口說高手、K歌專區、自主學習活動等競賽，可以讓學生自我挑戰，精進個人英文能力。

資料來源：筆者整理。

Unit 3-16
自然領域的應用示例

本教學方案，係以「教育部因材網」融入自然領域的方式進行。就教學單元而言，以「萬有引力」單元為例，引導學生先行了解牛頓運動定律和萬有引力定律的基本概念和關係，進而釐清克卜勒行星運動定律的由來，以及發現物體在重力場中的運動特性。就教學實施來說，透過課前影片觀看與測驗練習，課中討論、講述、示範與實驗，以及課後延伸學習，能確實掌握萬有引力的相關概念。就科技與媒體運用而言，則在運用教育部因材網平臺提供的多元資源，以擴展學生對物體在重力場中運動的理解。

一、教學目標

（一）能理解牛頓運動定律和萬有引力定律的基本概念和關係。

（二）能解釋克卜勒行星運動定律如何由牛頓運動定律和萬有引力定律推導而來。

（三）能夠描述物體在重力場中的運動特性。

二、教學活動流程

（一）課前預習

學生使用教育部因材網進行課前預習，包括觀看教學影片以及完成相關的線上練習和測驗，藉此學習牛頓運動定律和萬有引力定律的基本概念，例如：學習牛頓三大運動定律，與萬有引力定律的公式和推導過程。

（二）課堂活動

1. 了解課前預習情況：教師利用教育部因材網後臺管理功能，掌握班級學生預習情形，並針對學生觀念不清、答題錯誤、疑問不足之處，給予適時指導與解說。

2. 討論與講述：教師組織學生針對牛頓運動定律結合萬有引力定律的解釋進行小組討論和問題解答活動，包括：

（1）教師引導學生討論如何利用牛頓運動定律和萬有引力定律解釋克卜勒行星運動定律。

（2）教師提供克卜勒行星運動定律的背景知識，並引導學生思考行星繞著太陽運動的原因和模式。

（3）學生運用牛頓運動定律和萬有引力定律的概念，解釋行星在太陽引力作用下的橢圓軌道、等時區面積和軌道週期等特性。

3. 示範與實驗：教師進行示範和實驗，以幫助學生更好地理解物體在重力場中的運動特性。包括：

（1）教師引用相關的實驗教學資源，如「Gravity and Free Fall」的影片和實驗步驟，讓學生先行了解實驗情境與注意事項。

（2）教師引導學生使用簡單的實驗器材，如掉落物體和計時器，進行自由落體實驗，讓學生觀察和記錄不同物體下落的情況，並解釋這些情況與重力定律的關係。在實驗過程中，學生可以記錄觀察到的現象、進行測量、計時，並在結束後進行數據分析和討論。

（三）課後學習

學生繼續使用教育部因材網提供的學習資源，如教學影片、互動模擬和練習題目，加深對牛頓運動定律和萬有引力定律的理解。

在自然領域教學中，我們還可以利用「教育部因材網」做什麼？

在「指派任務」選單，配合「組卷模組」功能，可以選擇「縱貫診斷測驗」，在單元教學前，給予學生施測，讓教師能了解全體或個別學生單元教學前的先備知識基礎。

在「指派任務」選單，配合「組卷模組」功能，可以選擇「單元診斷測驗」，在學生完成自然領域單元學習後，給予施測，教師可及時掌握學生學習成效。

在「課程總覽」的「議題／素養」專區，有「自然科學」和「物理模擬」選單，可提供學生模擬自然科學的相關實驗或練習，部分實驗有教學影片的提示或實驗後的及時回饋，可幫助學生釐清自然科學觀念。

在「課程總覽」的「大考專區」，有各類考古題（包括學力測驗、會考、學測、統測、指考），可在全國性大型考試前，提供學生考前複習之用。

資料來源：筆者整理。

第 **4** 章

科技媒體應用：虛擬與擴增實境篇

章節體系架構

Unit 4-1
虛擬實境的意義與特徵

圖解教學科技與媒體

136

　　2016年常被媒體形容爲虛擬實境（virtual reality，以下簡稱VR）元年，事實上，虛擬實境最早的發展起源於1962年，由於VR屬於應用工程，同時也蘊含著相當濃厚的商業氣息，直到近幾年才逐漸受到學術界的重視（張訓譯，2018）。那麼，什麼是虛擬實境？虛擬實境技術又有何特徵呢？

一、虛擬實境的意義

　　虛擬實境是一個由電腦生成的、能夠感知、控制和編程的新的感知環境，可以爲我們的大腦提供新的視覺、聽覺、觸覺和運動感覺（Rheingold，1992）。Slater與Wilbur（1997）另指出「這個使用電腦生成的多感官仿眞，在於創造一種感覺，讓使用者相信他們正在與虛擬世界中的物體進行互動」。Sherman與Craig（2018）則認爲，虛擬實境是一個人在感知上置身於虛擬的環境中，並透過使用電腦生成的模擬器和感知設備進行互動，從而感受到存在於那個環境中的虛擬體驗。由此可知，虛擬實境乃指一個由電腦創建的虛擬環境，體驗者透過虛擬設備與之互動，讓身體的感官產生身歷其境的感覺。王寒、卿偉龍、王趙翔、藍天（2017）即進一步闡釋，虛擬實境包括兩層涵義：「虛擬」是指這個時間或環境是虛擬的，不是眞實的，是由電腦合成的，存在於電腦內部的世界；「實境」是指眞實的世界或現實的環境。兩個語詞的結合則表明，透過各種技術手段創建出一個新的環境，讓人感覺如同處在眞實的客觀世界中一樣。

二、虛擬實境的特徵

　　參酌學者們的見解，茲將虛擬實境的若干特徵歸納如下（Bowman & McMahan, 2007；Burdea & Coiffet, 2003；Sherman & Craig, 2018；Slater & Wilbur, 1997）：

（一）沉浸感（Immersion）

　　感覺自己被虛擬環境所包圍和環繞，使自己完全沉浸在虛擬環境中，這種感覺可以透過視覺、聽覺、觸覺和運動感覺的模擬來實現。

（二）互動性（Interactivity）

　　虛擬實境允許使用者與虛擬環境進行互動，例如透過手勢、控制器或其他感應設備，使用者的動作和操作可以影響虛擬環境的回饋和變化。

（三）三維立體感（Stereoscopic 3D）

　　虛擬實境通常以立體3D的形式呈現，讓使用者能夠感受到深度和立體感，這種立體視覺可以增強對虛擬環境的眞實感知。

（四）時間和空間尺度變化（Temporal and Spatial Scale Variation）

　　虛擬實境可以在時間和空間尺度上進行變化，讓使用者可以體驗到現實世界中無法實現的情境和場景。

虛擬實境的應用類型

模擬虛擬實境（Simulated Virtual Reality）

這種虛擬實境是使用電腦生成的虛擬環境，以模擬現實世界的場景和情境，它可以用於教育、培訓、遊戲等各種應用中（Radhakrishnan et al., 2021）。

增強虛擬實境（Augmented Virtual Reality）

增強虛擬實境結合了虛擬環境和真實環境的元素，通常是透過擴增實境技術在現實世界中添加虛擬物體、資訊或效果。使用者可以透過設備（如智慧手機或AR眼鏡）觀察和互動（Azuma, 1997）。

混合虛擬實境（Mixed Virtual Reality）

混合虛擬實境將虛擬環境和現實環境結合在一起，並允許使用者這在這兩個環境之間進行互動。這種技術可以用於遊戲、娛樂、教育和其他應用中（Milgram & Kishino, 1994）。

社交虛擬實境（Social Virtual Reality）

社交虛擬實境是一種透過虛擬環境中的虛擬身分和虛擬角色來實現人與人之間交流和互動的方式。它可以提供與現實社交相似的體驗，並應用於虛擬會議、虛擬社交網路等領域（Jerald, 2015）。

Unit 4-2
虛擬實境在教育的應用

　　虛擬實境已普遍的使用在我們一般的生活之中，無論是軍事、醫學、教育、娛樂、維修、運動等，皆可看到虛擬實境技術應用的實例。就教育而言，虛擬實境的應用已廣泛涵蓋各個領域或科目，以下參酌學者們的見解（Akçayır & Akçayır, 2017；Bortnik et al., 2017；Slater & Sanchez-Vives, 2016；Squire & Klopfer, 2007；Su et al., 2022；Yen et al., 2018）分別論述之。

一、科學教育

　　虛擬實境可以模擬實驗室的環境，讓學生進行各種科學實驗，包括化學實驗、物理實驗或生物實驗，以探索不同的科學原理和現象。以虛擬化學實驗室為例，學生可以透過虛擬實境在安全和受控的環境中進行化學實驗，學習化學原理和實驗技能，並能減少實驗設備和化學品的成本；又以虛擬生態系統模擬為例，學生可以透過虛擬實境模擬生態系統，如森林生態系統、海洋生態系統或草原生態系統，以觀察和研究生態相互作用和物種關係。

二、數學教育

　　虛擬實境可以提供數學問題的互動解決環境，讓學生以更具身體感官的方式進行幾何建模、數學遊戲等活動。以虛擬數學實驗室為例，學生可以透過虛擬實境的數學實驗室，進行數學探索和問題解決，如探究幾何形狀的性質、解決代數方程式，或進行統計分析；再以虛擬數學遊戲為例，學生可以透過虛擬實境的數學遊戲，以遊戲化的方式學習數學概念和技巧，而這些遊戲可以涵蓋數字概念、計數、幾何等不同範疇。

三、語言學習

　　虛擬實境可以創建各種語境和交互對話，幫助學生進行聽、說、讀、寫的語言學習活動。以虛擬語言學習環境為例，學生可以透過以虛擬實境模擬的真實情境，如商店、機場或餐廳，與虛擬角色進行對話和互動，讓學生在模擬情境中實際應用所學的語言技能，以提升語言能力；另以虛擬文化交流為例，學生可以透過虛擬實境與來自不同國家和文化背景的學生進行虛擬互動，了解並體驗不同文化之間的差異，進而提升他們的語言和跨文化能力。

四、歷史教育

　　虛擬實境可以重現歷史場景、事件和角色，讓學生更身臨其境地體驗歷史事件，增強對歷史知識的理解和記憶。以虛擬歷史重建為例，透過虛擬實境的歷史重建，學生可以身臨其境地體驗歷史事件和文化場景，如探索古代建築、參觀重要歷史場所或參與虛擬的歷史活動，藉此激發學習興趣和文化理解；或以虛擬歷史角色扮演為例，學生透過虛擬扮演歷史人物或身處於特定時代的角色，深入了解當時的社會背景、生活條件和歷史事件，從而幫助學生對歷史事實產生情感連結並激發對歷史的興趣。

虛擬實境在其他領域的應用例舉

軍事應用
虛擬實境可應用於軍事訓練和模擬，提供士兵實際戰場情境的模擬體驗。透過虛擬實境，士兵可以進行戰術演練、射擊訓練和虛擬戰場操作，提高他們的反應能力、戰術思維和決策能力（Bohil et al., 2011）

醫學應用
虛擬實境在醫學教育和臨床實踐中有廣泛應用。醫學學生可以透過虛擬實境模擬手術操作、病例診斷和醫療過程，提升他們的技術和臨床判斷能力。同時，虛擬實境還可以用於疼痛管理、物理治療和心理治療等方面（Kyaw et al., 2019）

娛樂應用
虛擬實境在娛樂產業中有廣泛應用，如虛擬遊樂園、電子遊戲和虛擬旅遊等。透過虛擬實境技術，使用者可以身臨其境地體驗逼真的遊戲世界、模擬的冒險旅程或虛擬的旅遊景點（Slater & Wilbur, 1997）

維修應用
虛擬實境可應用於維修和設備操作訓練。透過虛擬實境技術，技術人員可以模擬真實設備和環境，如學習設備的操作步驟、故障排除和維修程序等，藉此提高維修效率和技術能力（Rose et al., 2000）

運動應用
虛擬實境可應用於運動訓練、運動分析和體育競技。運動員可以透過虛擬實境技術進行運動技能訓練、戰術演練和競技模擬，以提高運動表現和決策能力（Putranto et al., 2023）

Unit **4-3**
虛擬實境運用的優勢與限制

　　虛擬實境的意義在於提供使用者與現實世界不同的體驗和互動方式，並在各個領域中帶來許多潛在的好處與應用價值。那麼，虛擬實境在教育應用的優勢為何？其遭遇的限制又有哪些呢？綜合學者們的觀點（Akçayır & Akçayır, 2017；Bortnik et al., 2017；Chang et al., 2020；Dalgarno & Lee, 2010；Merchant et al., 2014；Wu et al., 2013），茲將虛擬實境在教育應用的優勢與限制條列如後。

一、虛擬實境在教育應用的優勢

（一）提供身臨其境的學習經驗

　　虛擬實境可以創造出逼真的虛擬環境，讓學生能夠身臨其境地體驗學習內容，從而增強他們的學習經驗和理解。

（二）促進多重感官的學習

　　虛擬實境可以透過視覺、聽覺和觸覺等多重感官來呈現學習內容，提供更豐富和立體的學習經驗。

（三）增加學習動機和興趣

　　虛擬實境的互動性和娛樂性質可以提高學生的學習動機和興趣，激發他們的好奇心和主動學習的態度。

（四）提供個別化和自主學習

　　虛擬實境可以根據學生的需求和進度提供個別化的學習經驗，並鼓勵學生在虛擬環境中依自己的節奏進行自主學習和探索。

（五）增強實踐和應用能力

　　虛擬實境提供了一個安全且模擬真實情境的平臺，讓學生能夠實踐和應用他們在學習中獲得的知識和技能，培養實際應用的能力。

二、虛擬實境在教育應用的限制

（一）技術要求和成本

　　虛擬實境的應用通常需要特殊的設備和技術支持，這可能增加學習應用的成本和技術要求，限制了其普及和廣泛應用的可能。

（二）健康和安全疑慮

　　長時間的虛擬實境體驗可能導致暈眩、眼睛疲勞和其他身體的不適，這可能影響學生的學習體驗和專注力，甚至對個人視覺和身體健康產生一定影響。

（三）適用範圍和操作限制

　　虛擬實境可能無法適用於所有教育領域和學科，且有些學習內容無法完全透過虛擬實境呈現或模擬。此外，虛擬實境的操作有時需要花費學生較多的時間適應與熟悉虛擬環境的操作方式。

（四）學習遷移的挑戰

　　虛擬實境中獲得的知識和技能可能不易轉移至現實世界，這需要對學習內容進行適當的設計和整合，以促進學習遷移。

（五）缺乏互動與合作

　　虛擬實境通常是個人使用的學習工具，學生可能缺乏與他人互動和合作的機會，這可能限制了社交學習和團隊合作的發展。

虛擬實境教學設計的考量

學習目標和內容

虛擬實境教學設計應該明確地界定學習目標，並確保虛擬環境中的內容和活動與目標相關聯（Mayer, 2021）。

使用者體驗和參與度

教學設計應重視使用者在虛擬環境中體驗和參與度，例如提供具有吸引力和挑戰性的任務和活動（Pivec & Dziabenko, 2010）。

教學策略和方法

虛擬實境教學應選擇適合的教學策略和方法，例如探索式學習、合作學習或問題解決等，以促進學習效果（Hmelo-Silver et al., 2007）。

評量和回饋機制

虛擬實境教學設計應該包含有效的評量和回饋機制，以監測學習進展並提供個別化的指導和回饋（Shute & Zapata-Rivera, 2012）。

社會和文化因素

教學設計應該考慮學習者的社會和文化背景，以確保虛擬實境教學的適切性和包容性（Gee, 2008）。

Unit 4-4
擴增實境的意義與特徵

擴增實境（Augmented Reality，以下簡稱AR）的起源可以追溯到20世紀末，1992年，Tom Caudell與David Mizell在研究中，描述了一個利用頭戴式顯示技術應用在手動製造過程中的擴增實境系統，這項研究被認為是AR概念的重要里程碑（Lee, 2012）。那麼，什麼是擴增實境？這項技術又有何特徵呢？

一、擴增實境的意義

根據Azuma（1997）的定義，擴增實境係將虛擬信息與現實世界相結合，創造出一個混合現實的環境。他指出擴增實境不僅僅是將虛擬物體放置在現實世界中，還包括將虛擬物體與現實世界進行交互作用。Kipper與Rampolla（2012）則對擴增實境在教育領域的應用進行了研究，他們將擴增實境定義為一種技術，透過在現實世界中疊加虛擬信息，擴展了人類的感知和認知能力。謝旻儕與黃凱揚（2016）另闡釋，擴增實境是經由電腦產生的影像、物件或場景融入真實世界的環境中，將虛擬與真實結合，提升感知的效果，目標是將虛擬物件疊加在真實世界並進行互動。顯然，由技術面來看，虛擬實境乃是一個完全由電腦創建的虛擬環境，而擴增實境則是將電腦產生的虛擬環境（如物件）疊加在真實世界中。亦如Milgram等（1994）將擴增實境描述為一類在現實和虛擬之間連續的顯示技術。他們將虛擬實境（VR）視為完全虛擬的環境，而擴增實境（AR）則是在現實世界中透過添加虛擬信息來擴展人類感知的能力。

二、擴增實境的特徵

參照學者們的觀點，進一步將擴增實境的若干特徵統整如下（Azuma, 1997；Kipper & Rampolla, 2012；Lee, 2012；Xiong et al., 2021）：

（一）將虛擬元素與現實相結合

擴增實境將虛擬元素與現實環境相結合，透過在現實場景中添加虛擬對象、圖像或訊息，使其與現實世界交互作用。

（二）適時感知和互動

擴增實境系統能夠適時感知和追蹤使用者的動作與環境變化，並根據這些訊息提供即時的互動體驗。

（三）融合虛擬與現實

擴增實境旨在創造一個融合虛擬和現實元素的混合環境，使得虛擬物體看起來像是存在於現實世界中，並與現實環境進行交流。

（四）便攜性和無線性

擴增實境技術可以應用於便攜式設備，如智慧手機、平板電腦等，讓使用者能夠隨時隨地體驗擴增實境應用，無需依賴特殊設備。

（五）增強感知和認知

擴增實境透過添加虛擬信息，擴展了使用者對現實世界的感知和認知能力，提供更豐富、更深入的環境體驗。

擴增實境的類型

基於標記和位置的混合（Maker and Location-based Hybrid）AR

這種類型的AR結合了標記和位置信息，利用標記作為起點進行追蹤，然後根據位置信息將虛擬內容定位在現實世界中特定位置上。

基於標記（Maker-based）AR

這種類型的AR使用特定的標記或標誌物作為觸發器，通過識別和追蹤這些標記來在其上放置虛擬內容。

基於位置（Location-based）AR

這種類型的AR根據使用者的位置信息，通常是透過全球定位系統（GPS）來定位，將相應的虛擬內容放置在現實世界的特定位置上。

無標記（Makerless）AR

這種類型的AR不需要特定的標記或標誌物作為觸發器，透過對現實環境的感知和追蹤，直接在現實世界中放置虛擬內容。

資料來源：Krevelen, D. W. F. van & Poelman, R. (2010). A survey of augmented reality technologies, applications and limitations. *The International Journal of Virtual Reality*, 9, 1-20.

Unit **4-5**
擴增實境在教育的應用

當前擴增實境可謂廣泛的應用在我們的日常生活之中，舉凡醫療與健康、教育與文化、建築與房地產、旅遊與觀光、商業與行銷、娛樂與遊戲等方面，皆可以看到擴增實境運用的實例。就教育而言，其亦普遍運用在各個領域、學科或單元教學活動中。綜合學者們的研究與觀點（Cheng & Tsai, 2013；Ebadi & Ashrafabadi, 2022；Fan et al., 2020；Kamarainen et al., 2013; Lampropoulos et al., 2022；Radu, 2014；Sirakaya & Sirakaya, 2022；Wu et al., 2013），茲將擴增實境在教育應用的例子臚列如後。

一、語文學習方面

擴增實境可以用在語詞學習或文本閱讀，以語詞學習為例，AR可用於創建虛擬單詞牆或虛擬字卡，讓學生透過AR應用程式與單詞互動，提升他們的語詞認知與記憶能力；又以故事情境學習來說，AR可用於創建一個動態的故事情境，讓學生透過AR技術與虛擬角色互動，進一步理解故事內容並提升閱讀理解能力；或者，在語言練習時，利用AR應用程式將虛擬對話夥伴或互動對話情景添加到學生的現實環境中，提供真實且動態的語言練習機會。

二、數學教育方面

擴增實境可以在數學學習中提供實際的視覺化體驗，以幾何學習為例，AR可用於創建虛擬幾何模型和立體圖形，讓學生透過AR技術在現實環境中觀察和探索幾何形狀、空間關係等數學概念；再以數學問題解決為例，學生可以使用AR應用程式在現實環境中蒐集數據，如測量物體的尺寸、速度或其他屬性，然後使用數學模型和計算來分析和解決這些問題，並透過AR技術觀察和驗證模型的結果。

三、自然科學方面

使用擴增實境技術，學生可以透過手機或平板電腦觀察虛擬自然科學實驗或教材，以生物學習為例，學生可以使用AR技術觀察虛擬的人體解剖模型，以深入了解人體結構和器官的構造，並進行互動式學習和評量；另以物理實驗為例，學生可以透過AR技術適時觀察虛擬物體的運動軌跡、速度、加速度等參數，進行運動力學實驗和模擬，從而深入理解運動力學的概念。

四、社會科教育方面

在社會科教育中，AR可以提供虛擬導覽和展示，以歷史學習為例，AR可用於呈現歷史場景、重建歷史建築，讓學生透過AR技術在現實環境中與歷史事件和文化互動；又以地理導覽和地標辨識為例，學生可以使用AR應用程式，藉助手機或平板電腦的相機觀看現實世界，尋找並辨識不同地標、國家或城市，並獲得與之相關的訊息，從而增強他們對地理知識的理解。

擴增實境在其他領域的應用例舉

醫療與健康

AR可以用於醫療培訓、手術模擬、診斷輔助和可視化醫學影像等（Azuma et al., 2001）。

建築與房地產

AR可提供室內設計師和家居消費者一種虛擬擺放家具和裝飾物品的方式，幫助他們預覽和評估設計效果（Huang et al., 2020）。

旅遊與文化

AR可用於提供遊客在博物館、古蹟和歷史遺址等地點的虛擬導覽和互動體驗，增加對文化和歷史知識的理解（Cranmer et al., 2020）。

商業與行銷

AR可用於商店或網站平臺上展示商品，讓消費者使用AR技術將虛擬的產品投影到現實世界中，讓他們可以試戴、試穿、觀察產品細節等（Du et al., 2022）。

娛樂與遊戲

AR可用於舞臺演出、音樂會或其他娛樂活動，讓觀眾可以透過AR技術在現實環境中觀賞虛擬表演、互動遊戲或特殊效果（Morozov, 2023）。

Unit 4-6
擴增實境運用的優勢與限制

一如虛擬實境，結合虛擬與現實環境之間的擴增實境亦爲各個領域帶來諸多的優點與應用價值。以下參照學者們的研究與見解（Akçayır & Akçayır, 2017；Chen & Tsai, 2013；Chen et al., 2017；Dunleavy et al., 2009；Nincarean et al., 2013），茲將擴增實境在教育應用的優勢與其限制歸納整理如後。

一、擴增實境在教育應用的優勢

（一）保持與現實連結

AR將虛擬內容與真實環境結合，使學習者能夠保持與現實世界的連結，並在現實情境中應用所學的知識和技能。

（二）擴展學習空間

AR技術使學習者能夠在虛擬和現實世界之間無縫切換，擴展了學習的空間範圍，提供了更多的學習機會和場景。

（三）增強學習經驗

AR技術可以增強學生的學習經驗，將抽象的概念轉化爲具體的視覺化內容，使學習更加生動有趣。

（四）促進多感官學習

AR技術可以利用視覺、聽覺和觸覺等多個感官來傳達訊息，幫助學生以多種方式感知和理解學習內容。

（五）增強觀察和探索能力

AR提供學習者觀察和探索真實世界中的虛擬對象和資訊的機會，從而促進他們的觀察和發現能力。

（六）強化情感和情緒連結

AR技術可以透過增加情感和情緒元素，如音樂、聲音效果和情境設置，加強學習者對學習內容的情感連結和投入感。

二、擴增實境在教育應用的限制

（一）技術限制與成本

擴增實境的實現需要複雜的技術支持，包括硬體設備和軟體開發，這些技術方面的限制可能導致成本高昂、使用困難或技術不穩定，甚至對學校或學生的資源和經濟能力提出挑戰。

（二）內容創建和數據管理

創建適合AR應用的教學內容可能需要額外的時間和資源，同時管理和維護AR相關的數據和資源也是一個挑戰。

（三）教師培訓與支持

教師在擴增實境教學中需要具備相應的技術知識和教學策略，並接受相應的培訓和支持，這可能需要額外的努力和資源。

（四）學習轉移問題

學生在AR環境中學習到的知識和技能在現實生活中的應用可能受到限制，需要更多的努力將所學轉移到真實場景中。

（五）學習成效議題

儘管擴增實境具有許多潛在的教育優勢，但尚需進一步研究和評估其對學習成效的實際影響，以了解AR在學習中的真正價值和效益。

VR、AR、MR與XR的不同

虛擬實境（Virtual Reality, VR）

VR是由電腦製造的一種人工影像和聲音，用於創建包含聽覺、視覺、觸覺和其他類型感官回饋的模擬環境。通常需要戴上頭戴式顯示器（Head-Mounted Display, HMD）等設備，並使用控制器來與虛擬環境進行互動（Smutny et al., 2019）。

擴增實境（Augmented Reality, AR）

AR是一種將虛擬內容添加到現實世界中的技術，將虛擬物體或訊息與現實場景相組合，讓使用者可以同時感知虛擬和現實的存在。通常透過智慧手機、平板電腦或AR眼鏡等設備實現（Azuma, 1997）。

混合實境（Mixed Reality, MR）

MR是介於VR和AR之間的一種技術，它將虛擬內容與現實世界的物理環境進行混合，讓使用者能夠與虛擬物體進行適時互動。MR技術能夠在現實世界中感知和操作虛擬物體，同時虛擬物體也能夠與現實物體進行互動（Milgram et al., 1994）。

擴展實境（Extended Reality, XR）

XR是一個統稱，用於描述包括VR、AR和MR在內的整個虛擬實境範疇。它指的是將現實和虛擬內容相結合的技術，以提供更豐富和全面的實境體驗（Bacca et al., 2014）。

Unit 4-7
虛擬實境類─Expeditions Pro

圖解教學科技與媒體

148

　　本書將「Expeditions Pro」歸類為虛擬實境類的App，它是一個跨平臺的應用程式（包括iOS、Android、網頁），教學者可依個人載具分別在App Store（iOS系統）、Play商店（Android系統）搜尋「Expeditions Pro」安裝此App，或是利用各搜索引擎在網址列輸入「Expeditions Pro」進入網站首頁，它是一款可以進行虛擬實境導覽、製作、教學、學習與娛樂的應用軟體。

一、註冊或登入方式介紹

　　以iPad使用為例，點選Expeditions Pro進入後，會出現「log in / sign up」與「Login as Guest（follower-only mode）」二個選項，前者是註冊登入；後者是以學習者身分參與虛擬實境導覽。選擇前者，會要求輸入「Username」、「Email」與「Password」等基本資料註冊，且在收取認證信後註冊成功，並再次以Username與Password登入。選擇後者，一旦輸入導覽者（如教師）提供的「Join Code」（或載具自行搜索），即可進入導覽畫面。

二、操作介面與功能說明

　　進入Expeditions Pro主畫面後，在畫面正下方分別有「discover」、「browse」、「library」與「class」等四個功能鍵，其中，「discover」可以搜尋「特色導覽」（featured tours）、「新的導覽」（new tours）與「我的導覽」（my tours）。「browse」可以依不同「類目」（categories）尋找個人感興趣的導覽課程，包括：動物與寵物（animals & pets）、建築物（architesture）、藝術（art）、文化與人類（culture & humanity）、當代事件（current events）、飲食（food & drink）、家庭設備（furniture & home）、歷史（history）、自然（nature）、物體（objects）、人物（people & characters）、地景（places & scenes）、自然科學（science）、運動和健康（sports & fitness）、工具和技術（tools & technology）、交通（transport）、旅遊與休閒（travel & leisure）與其他（uncategorized）等類別。「library」呈現個人下載或自建的導覽課程；「class」則可選擇「領導」（lead）或「跟隨」（follow）身分，參與團體導覽課程。

　　其次，若進行團體導覽課程，一旦導覽者（如教師）下載好課程後，在導覽者與被導覽者（如學生）在同一網域（Wifi）情況下，即可進入導覽課程。在導覽畫面中，導覽者可以逕自切換導覽畫面、播放語音解說、指定導覽景點、掌握參與人數、追蹤被導覽人員，以及使用畫筆等功能。整言之，Expeditions Pro是一個功能多元的虛擬實境工具，它可以讓使用者徜徉在虛擬實境的旅遊世界，甚至創作自己的虛擬實境之旅，讓人深刻體悟「秀才不出門，能知天下事」！

Expeditions Pro操作介面與功能

各類導覽課程

5分鐘認識
Expeditions Pro

如何用Expeditions Pro創建個人虛擬實境導覽課程？

1 登入Expeditions Pro網站（http://expeditionspro.com/）。

2 網站首頁選擇「Create your own virtual tours」後進入。

3 點選「New Tour」，上傳「封面照片」（Cover photo），輸入「標題」（Title）、「描述」（Description）、「類別」（Category）後，點選「創造」（Create）。

4 依序「增加場景」（Add scene），針對每個場景，輸入「標題」（Title），選擇添加「環境聲音」（ambient audio）、「旁白」（narration）、「興趣點」（hotspot），最後，回到封面照片，按下「存檔」（save）。

5 回到Expeditions Pro App，進入「lilbray」點選「My Tours」，找到個人創建的課程並下載，接著，進「class」，即可進行團體導覽。

資源來源：筆者整理。

Unit 4-8
虛擬實境類─Panorama 360 & Virtual Tours

本書將「Panorama 360 & Virtual Tours（簡稱P360）」歸類為虛擬實境類的App，它是一個跨平臺的應用程式（包括iOS與Android），教學者可依個人載具分別在App Store（iOS系統）、Play商店（Android系統）搜尋「Panorama 360 & Virtual Tours」安裝此 App，它是一款可以進行虛擬實境全景照片拍攝與搜尋360影片的應用軟體。

一、註冊或登入方式介紹

以iPad使用為例，點選Panorama 360 & Virtual Tours進入後，若使用者單純想要拍攝全景照片，可直接點選畫面正下方的「CAMERA」圖示，並依指示進行拍攝，完全不需任何註冊或登入動作即可使用。若要註冊，則可選擇畫面右下角的「PROFILE」圖示，選擇個人Apple、Facebook或一般Email註冊，收取認證信後可註冊成功並再次登入使用。註冊的好處是，可以方便個人在應用程式中查看累積拍攝的全景照（panoramas）、英里數（miles）、點數（point）、地點（places）、蒐集（collections）與關注者（followers）等資訊，或可額外使用應用程式的一些基本功能。

二、操作介面與功能說明

進入Panorama 360 & Virtual Tours主畫面後，在畫面正下方從左至右分別有「P360 COMMUNITY」、「FOLLOWING」、「CAMERA」、「POPULAR」與「PROFILE」等五個功能鍵。其中，「CAMERA」可以讓使用者拍攝360全景照片，具體步驟包括：（一）保持縱向模式（hold in portrait mode）：拍照時，將載具（如平板或相機）保持上下直立地縱向方位；（二）對齊箭頭並開始（align arrows and start）：將上下橫向與縱向的二個箭頭對齊，再按開始按鈕；（三）順時針移動捕捉（move clockwise to capture）：沿著順時針方向移動，同時嘗試將箭頭保持在畫面中間的空間內；（四）停止捕捉和分享（stop capture and share）：當完成捕捉時，請點擊停止按鈕或向下傾斜手機以停止捕捉影像。由於P360並非專業的全景相機，依拍照者站立的位置，所拍攝出來的全景照片僅提供環繞拍照者一周的影像，欠缺天（上方）和地（下方）的畫面，故可謂僅具備類全景照片的拍攝功能。惟對初學者來說，拍攝出來的照片尚稱清晰，已可初步滿足創建虛擬實境所需的場景素材。此外，拍攝完成的照片可即時預覽，並會同步存放在iPad的「照片」中，亦可分享到Facebook等軟體儲存或進行觀看；若使用者進一步登入帳號，將可使用3D的觀看模式（3D Viewer）進行發布。

Panorama 360 & Virtual Tours操作介面與功能

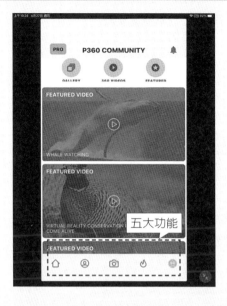

五大功能

5分鐘認識
P360

除拍攝全景照外，Panorama 360 & Virtual Tours 還有哪些功能？

在FOLLOWING與POPULAR中，有來自各地網友拍攝的360全景照可供觀看與下載分享。

在P360 COMMUNITY中，羅列了許多360影像可供觀看或下載，包括：水中（underwater）、教育（education）、建築物（architecture）、野外（into the wild）、地點（places）、實驗（experimental）、飛行（flying）、音樂（music）、流行（fashion）、街道（streets）、景觀（landscape）、賽車運動（motor sports）、日常生活（daily life）、人類故事（human stories）、藝術（art）、冒險（adventure）、運動（sports）等類別。

除了Panorama 360 & Virtual Tours，可拍攝全景照的App還有如：iPad內建相機的全景模式、Google街景服務、相機720……

資源來源：筆者整理。

Unit 4-9

虛擬實境類—AR2VR

圖解教學科技與媒體

本書將「AR2VR」歸類為虛擬實境類的App，它是一個跨平臺的應用程式（包括iOS與Android），教學者可依個人載具分別在App Store（iOS系統）、Play商店（Android系統）搜尋「AR2VR」安裝此 App。若是付費版本，則可獲得開發者授權，取得應用軟體安裝在電腦上進行編輯。它是一款由我國創新科技團隊開發、可以製作虛擬實境教材的應用軟體，強調製作VR內容，就像使用PPT一樣簡單，就算不會編寫程式，也可以輕鬆上手。

一、註冊或登入方式介紹

以免費版iPad使用為例，點選AR2VR進入後，畫面正下方會出現「登入」二字，使用者可以透過「縣市教育雲端帳號」或Google、Apple等帳號登入，註冊與登入方式非常簡單方便，登入後即可順利進入編輯畫面。

二、操作介面與功能說明

進入AR2VR主畫面後，在畫面正上方由左至右分別有「資料夾」、「雲端」、「課程」、「下載」、「720°拍攝」、「導覽」、「課程分類」、「掃描」與「設定」等功能，其中，點選「資料夾」可以創建一個虛擬實境教材，使用者點選左上角「+」的圖示，可以進到「專案設定」畫面，分別輸入「專案名稱」、「專案描述」與上傳「封面」點選下一步後，匯入360場景圖片進入編輯頁面。

在編輯頁面中，可以為每一場景新增「場景音樂」、調整「音量」與「循環」設定；接著，可拖曳右上角「！」圖示，為每一場景增添「資訊點」（或稱熱點），並插入圖片、輸入文字與新增音樂，藉此融合圖片、文字和語音，豐富場景的內容。以此類推，依序完成各個場景的內容編輯（免費版提供平板創作一個專案、兩個場景與專案容量15MB）。待場景內容安排好後，使用者需進行場景之間的串接，方便觀看課程者能自由進出各場景。舉例來說，要由A場景空間進入B場景空間，編輯者可點選B場景圖示探拖曳的方式放置在A場景的某個位置（如大門），此時，編輯畫面會出現「VR傳送門」圖示，儲存後即完成設定；反之，要由B場景回到A場景，設定亦同。最後，點選畫面右上角「儲存」功能，即完成一圖文並茂的虛擬實境作品。

此外，由於免費版的AR2VR並未提供創作者戴上VR眼鏡觀看個人作品體驗，故創作者可點選編輯畫面右上角「眼睛」圖示，進行創作作品預覽，觀看個人創作成果；同時，可點選畫面右上角的「攝影機」圖示，將預覽結果同步錄製下來並進行分享。

AR2VR操作介面與功能

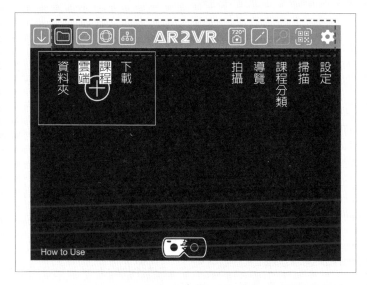

5分鐘認識AR2VR

AR2VR還有哪些功能？

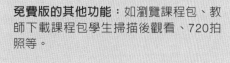

免費版的其他功能：如瀏覽課程包、教師下載課程包學生掃描後觀看、720拍照等。

付費版的其他功能：可以利用電腦進階編輯，專案數、專案容量、專案素材無上限，支援VR360影片、2D影片，AR編輯，合併匯出匯入專案，可編擬VR答題測驗與追蹤答題歷程，具有遠距中控功能，進行團體導覽。

資源來源：筆者整理。

Unit 4-10
虛擬實境類—MAKAR

本書將「MAKAR」歸類為融合虛擬實境與擴增實境類的App（此節介紹虛擬實境的部分），它是一個跨平臺的應用程式（包括iOS與Android），教學者可依個人載具分別在App Store（iOS系統）、Play商店（Android系統）搜尋「MAKAR」安裝此App，惟編輯部分則需進入官網下載軟體安裝後使用。它是一款強調不需要任何程式或設計能力，任何人都可以簡單地創造自己的AR/VR作品的軟體。

一、註冊或登入方式介紹

首先，使用者至MAKAR官網（https://www.makerar.com/）下載軟體；接著，可將軟體安裝至個人桌機或筆電，完成後，免費版的使用者可用個人Google或Apple帳號註冊登入。

二、操作介面與功能說明

進入MAKAR編輯器主畫面後，點選左上角「+建立新專案」，頁面正上方有AR/VR選項，以VR為例，左側選擇「空白」專案或是套用「模板」，右側輸入專案資訊（如名稱、描述、封面）、專案類別（如動物、建築、教育、娛樂、自然科學……）、隱私權設定等，確認後進入編輯頁面。整個編輯頁面可分成三大區塊，左側區塊陳列專案所有的「場景物件」以及可「新增素材」，如圖片、影片、3D模型、音樂、環景素材等；中間區塊是專案的「預覽畫面」，可選取物件、旋轉畫面、觀看邏輯與執行預覽；右側區塊可「保存專案」與「發佈專案」，以及可進行「場景物件設定」與「相機設定」。

以「認識廟宇」單元為例，編輯開始，編輯者可以利用「新增素材」插入VR場景的「環景素材」，如：第一個場景是廟前空地「廟埕」，第二個場景是廟內中間空地「中庭」。其次，再次利用「新增素材」分別在二個場景插入資訊點「圖片」，例如：在場景一廟埕插入「廟宇歷史解說」圖片，在場景二中庭插入「供奉神明介紹」圖片。再者，在「場景物件」中，分別針對這二張資訊點圖片，在「圖片設定」點選「新增功能」，選擇「播放音樂」，將事先錄製好的旁白或解說音檔連結進來。接著，針對這二個場景進行轉換設定，在「新增素材」中點選傳送門「圖片」（名稱為MaKAR_Room），並將它拉進場景中擺放在欲轉換的位置（如廟宇門口），並同樣在「圖片設定」點選「新增功能」，選擇「場景跳轉」，並指定要跳轉的場景名稱（如編輯畫面在第一場景時，要選擇第二場景的名稱）。最後，點選頁面右上角「保存專案」，回到主畫面「發佈專案」，即大功告成。

MAKAR操作介面與功能

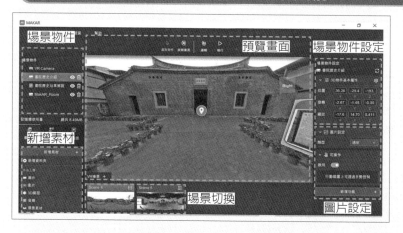

場景物件　　　　　　　　　預覽畫面　場景物件設定

新增素材

場景切換　　　　　圖片設定

5分鐘認識
MAKAR

MAKAR還有哪些須知？

免費版功能：免費版MAKAR VR可以製作2個場景數，與AR共用10MB的檔案容量，並能儲存與發布2則專案，以及掃描3,000次的圖片。端看使用者依個人需求付費購買升級，惟若以教育帳號註冊登入，將可比照專業版的功能使用一個月，如儲存、掃描與VR場景數無限制，與AR共用2GB檔案容量，以及擁有25則專案發布等功能。

觀看專案：他人要觀看專案，編輯者需先在「主畫面」右上角「帳戶設定」選擇「行動條碼」下載QR碼並分享他人，觀看者利用載具（如手機）掃描QR碼，找到專案名稱，點選「開始體驗」，即可以用Web模式體驗專案，也可以將手機切換成VR模式，利用VR頭盔（如Google Cardboard）觀看專案。

其他功能：在MAKAR VR「新增素材」中，除了能插入360環景圖與一般圖片外，還能插入文字、音樂、影片、3D模型或社群媒體連結（如FB、Line、電話、電子郵件），增添VR專案媒體的豐富度。

互動功能：在MAKAR「功能模組」中，提供是非、單選、多選、題組、問答（免費版）等專案題庫編輯，若應用在教學，能夠增進師生之間的課堂互動，並即時評估學生的學習成效。

資源來源：筆者整理。

Unit 4-11
擴增實境類─Quiver-3D Coloring App

本書將「Quiver-3D Coloring App」歸類為擴增實境類的App，它是一個跨平臺的應用程式（包括iOS、Android與網頁），教學者可依個人載具分別在App Store（iOS系統）、Play商店（Android系統）搜尋「Quiver-3D Coloring App」安裝此App，或是利用各搜索引擎在網址列輸入「Quiver」進入網站首頁。若是安裝付費版「Quiver Education」App，則可逕自下載網站內的擴增實境著色紙，供教學使用。它是一款透過行動載具鏡頭，將平面的著色紙，變成3D可互動動畫的擴增實境應用程式。

一、註冊或登入方式介紹

不論是網頁版或App版本的Quiver，都不需要註冊或登入，即可逕自使用。惟若以教學者的身分註冊後登入，則可以獲得7天平臺資源的免費試用。註冊方式可以選擇個人的Google、Microsoft帳號或一般Email註冊，收取認證信後即可再次登入使用。註冊身分者可以創建自己的班級與添加學生，透過師生共享的方式運用平臺的各類資源。

二、操作介面與功能說明

進入QuiverVision網站（https://quivervision.com/）後，可點選畫面右上角「Coloring Packs」下載著色紙，並依照個人在載具（如iPad）下載的App選擇紙本。如果使用者是安裝免費版的「Quiver-3D Coloring App」，紙本有分成「免費」（Free）及「付費」

（Premium）二種可選擇；反之，如果是安裝付費版的「Quiver Education」，則所有紙本皆可免費取用。紙本的類別非常多元，例如：人體、動物、昆蟲、地標、藝術、運動、交通工具、行星、國家、海洋、細胞、火山、地球、形體……，不一而足，可依個人需求下載使用。

下載完著色紙後，使用者的操作步驟包括：（一）利用各種著色工具（如彩色筆）幫著色紙塗上個人喜歡的顏色（也可不塗顏色直接體驗）；（二）打開載具事先安裝的Quiver App，點選頁面中央的「相機」圖示，掃描著色紙上的QR Code，並下載3D顯像時的動畫檔案；（三）將著色紙再次放在載具的鏡頭下，3D動畫就會顯示在著色紙上方。使用者只要觸碰3D動畫的角色，角色就會產生有趣的動作。如果旋轉紙本，3D動畫也會跟著旋轉；（四）所有曾經下載的3D動畫檔案，將會存放在Quiver App內的「My Packs」，方便使用者再次觀看時直接點選使用。

整體而言，Quiver提供了種類多元的擴增實境教學素材，對初學者來說，透過紙本的著色活動，大大提升學習者的參與感，並將2D畫面轉化成3D動畫，平添學習的動機與樂趣，即時感受擴增實境的想像世界。

Quiver操作介面與功能

 5分鐘認識Quiver

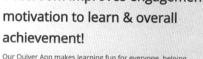

教學時，我們可以利用Quiver做什麼？

以「Monarch Butterfly Life Cylcle」著色紙為例，讓學生著色並利用載具掃描觀察後，詢問學生，如：
1. 帝王蝶的一生經歷了哪些階段？
2. 帝王蝶的蟲卵出現在哪裡？
3. 帝王蝶從幼蟲到成蟲的形體有何變化？
4. 蝶寶寶以什麼食物維生？
5. 帝王蝶的外表有哪些特徵？
6. 透過觀察推斷，帝王蝶的成長過程，可能遇到哪些天敵？

以「Rip Currents」著色紙為例，讓學生著色並利用載具掃描觀察後，詢問學生，如：
1. 什麼是離岸流？
2. 離岸流形成的原因為何？
3. 離岸流會對沿海地區人們的活動帶來哪些影響？
4. 如果在海邊活動被離岸流困住，我們可以怎麼做？

資源來源：筆者整理。

Unit 4-12
擴增實境類—Chromeville

本書將「Chromeville」歸類為擴增實境類的App，它是一個跨平臺的應用程式（包括iOS、Android與網頁），教學者可依個人載具分別在App Store（iOS系統）、Play商店（Android系統）搜尋「Chromeville」安裝此App，或是利用各搜索引擎在網址列輸入「Chromeville」進入網站首頁。此外，使用者亦可將研發者開發的同類型App一併下載，包括「Barcy」與「Chromeville Science」，做多元運用。它是一款透過行動載具鏡頭，將平面的著色紙，變成3D可互動動畫的擴增實境應用程式。

一、註冊或登入方式介紹

不論是網頁版或App版本的Chromeville，都不需要註冊或登入，即可逕自下載不同類別的著色紙。然而，若使用者選擇註冊後登入，在個人帳戶中，另有一些免費圖卡或素材可下載供教學使用，例如：父親節、母親節、聖誕節、復活節等節日圖卡或資源。註冊方式可用一般個人的Email、選擇身分別（家長、教師或孩童），以及填寫個人生日，收取驗證信後即可順利登入使用。

二、操作介面與功能說明

進入Chromeville網站（https://chromville.com/）後，畫面右上方分別有「Apps」、「Education」、「Chromeville World」與「Magazine」的四個功能選項，選擇「Apps」可以看到「Chromeville」、「Barcy」與「Chromeville Science」等三個相關的App圖示，使用者可以任意點選觀看個人感興趣或所需的著色紙，亦可一次下載全部圖檔。

圖檔下載後該如何使用？以「Chromeville」為例，首先，使用者打開預先在載具安裝好的Chromville應用程式，選取上方有個照相圖案的「Play」鍵；接著，對應圖檔右下角的主題圖像，點選載具畫面中相應的角色或圖示；隨後載具會進入類似拍照模式，將鏡頭對準圖檔，就可以看到載具螢幕中出現動態的圖像，部分圖像亦加入了好聽的背景音樂；此外，使用者也可以透過轉動圖檔的方式，欣賞不同角度的3D圖像。

整體而言，如Chromville官網所述，各類著色紙結合了藝術、科學技術和八種多元智能，藉此促進孩子的創造力與學習動力，故Chromville的每一圖卡都有其設計的教育意義。此外，學習者亦可為每一主題圖像進行著色，並運用擴增實境技術，讓眼前的圖像3D化，配合背景音樂，強化了學習的動機與興趣，達到寓教於樂的功能。

Chromeville操作介面與功能

Select one app and Download pages　下載個人需要的圖卡

| Chromville Visual Arts | Barcy by Chromville | Chromville Science | Bottle Flip Countries用 Windows |

Chromville app is an educational and creative Augmented Reality planet.　Barcy has come to Chromville! Learn about Water through augmented　An educational science app based on Augmented Reality coloring pages.　Get the greatest number of stars to find out the cur cities hidden

5分鐘認識
Chromeville

教學時，我們可以利用Chromeville做什麼？

以「Chromeville Science」圖卡中的「PLAMTS」為例，讓學生著色並利用載具掃描觀察後，詢問學生，如：
1. 透過觀察，要幫助「草莓」成長，我們可以怎麼做？哪些照顧方式是不適當的？
2. 配合觀察，指出圖卡中「草莓」的各個部位與名稱？「草莓」的各個部位有何特徵？有何異同？

以「Chromeville Science」圖卡中的「HUMAN BODY」為例，讓學生著色並利用載具掃描觀察後，詢問學生，如：
1. 透過觀察，人體的皮膚、肌肉與骨骼的特徵有哪些？有何異同？
2. 指出圖卡中「人體」的各個部位與名稱？
3. 查一查，人體的肌肉與骨骼有哪些種類？

以「Barcy」圖卡中的「water sports」為例，讓學生著色並利用載具掃描觀察後，詢問學生，如：
1. 一般常見的游泳姿勢有哪些？請說出它們的正確名稱。
2. 各種游泳姿勢中，手、腳與身體的動作有何不同？
3. 針對各個泳姿說明，如果要游好泳，身體的各個部位要如何配合？
4. 在游泳池游泳，需注意的安全規則有哪些？

資源來源：筆者整理。

Unit 4-13
擴增實境類—Artivive

本書將「Artivive」歸類為擴增實境類的App，它是一個跨平臺的應用程式（包括iOS、Android與網頁），教學者可依個人載具分別在App Store（iOS系統）、Play商店（Android系統）搜尋「Artivive」安裝此App，或是利用各搜索引擎在網址列輸入「Artivive」進入網站首頁。按照官網所述，Artivive研發初衷，乃在改變人跟藝術作品互動的方式，試圖以新科技完成藝術的創作與分享。惟對一般使用者來說，它是一款可以由個人簡易快速製作擴增實境效果的應用軟體。

一、註冊或登入方式介紹

以網頁使用為例，進入Artivive網站（https://artivive.com/）後，點選畫面右上角的「Register」，註冊方式可以利用個人Facebook、Google等帳號，或是輸入個人姓名、一般Email與密碼註冊，註冊成功後即可順利登入編輯畫面，方式非常簡單。

二、操作介面與功能說明

登入Artivive網站後，點選畫面右上角「+」可選擇創建一個新的作品或資料夾（Add new artwork/folder），以創建新作品為例，進入編輯頁面後，首先，可在畫面左上方的「PROJECT NAME」輸入作品名稱；一旁的「ARTWORK INFO」則可輸入創作者姓名、作品名稱、作品描述、Website、Facebook、Instagram、Twitter等資訊。接著，畫面正中央分成左右二個區塊，左邊區塊可以拖曳或插入一張

觸發照片（image），右邊區塊則可疊加一個影像檔案（video），待二個檔案成功上傳後，一個簡單的擴增實境作品即算編輯完成。此外，為能初步了解作品效果，創作者可點選畫面左上方的「PLAY」功能進行預覽。最後，點選畫面右上方的「存檔」圖示，創作完成回到主畫面。

在主畫面作品縮圖中，創作者可依個別需求點選縮圖右下方「Show menu」圖示，決定編輯（Edit）、下載（Download）或刪除（Delete）作品；其中，下載作品即會生成一張「觸發圖片」，創作者可將其列印或利用社群軟體分享出去。一旦觀賞者打開預先安裝在行動載具（如平板）的Artivive App，將鏡頭對準「觸發圖片」或「實物影像」，載具畫面就會即時呈現3D動畫或圖像，讓平面作品瞬間立體化，豐富視覺效果。

總之，對初學者來說，Artivive是一操作簡單又容易上手的擴增實境應用平臺，雖然平臺創立的目的本是讓藝術家能夠將藝術與科技結合創造出新的藝術維度，但對一般使用者而言，卻能夠在最短的時間內體驗擴增實境的效果，令人著迷！

Artivive操作介面與功能

5分鐘認識Artivive

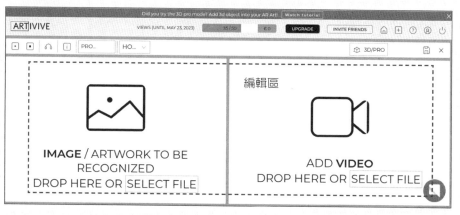

關於Artivive還有哪些須知或功能？

畫面右上角「INVITE FRIENDS」可以邀請朋友註冊登入，每成功一位註冊，個人即可獲得升級20%的折扣。

免費版的Artivive，每個月僅能觀看擴增實境作品50次，如果有更多數量需求，則要升級付費購買。

畫面右上方「3D/PRO」功能，可以進階設定，如：
1. 插入觸發圖片後，可以依序增加圖層，包括圖片、影像、3D物件等。
2. 加入圖層後，可以為每一圖層移動位置、旋轉方向與調整大小。
3. 加入「影片」圖層後，除了前述基本功能外，還可為影片加入淡入或去背等功能。
4. 可以加入「文字」圖層，幫作品加入旁白或解說。

資源來源：筆者整理。

Unit 4-14
擴增實境類─MAKAR

圖解教學科技與媒體

162

本書將「MAKAR」歸類爲融合虛擬實境與擴增實境類的App（此節介紹擴增實境的部分），它是一個跨平臺的應用程式（包括iOS與Android），教學者可依個人載具分別在App Store（iOS系統）、Play商店（Android系統）搜尋「MAKAR」安裝此App，惟編輯部分則需進入官網下載軟體安裝後使用。它是一款強調不需要任何程式或設計能力，任何人都可以簡單地創造自己的AR/VR作品的軟體。

一、註冊或登入方式介紹

首先，使用者至MAKAR官網（https://www.makerar.com/）下載軟體；接著，可將軟體安裝至個人桌機或筆電，完成後，免費版的使用者可用個人Google或Apple帳號註冊登入。

二、操作介面與功能說明

進入MAKAR編輯器主畫面後，點選左上角「+建立新專案」，頁面正上方有AR/VR選項，以AR爲例，左側選擇「空白」專案或是套用「模板」，右側輸入專案資訊（如名稱、描述、封面）、專案類別（如動物、建築、教育、娛樂、自然科學……）、選擇辨識圖、隱私權設定等，確認後進入編輯頁面。整個編輯頁面可分成三大區塊，左側區塊陳列專案所有的「場景物件」以及可「新增素材」，如圖片、影片、3D模型、音樂、環景素材等；中間區塊是專案的「預覽畫面」，可選取物件、拖曳畫面、旋轉畫面、聚焦物件、觀看邏輯與執行預覽；右側區塊可「保存專案」與「發佈專案」，以及可進行「場景物件設定」與「相機設定」。

以「認識學校圖書館」單元爲例，編輯開始，編輯者可以利用「新增素材」上傳AR的「辨識圖」，如學校圖書館的外觀「圖片」，並將其拖曳到正中央預覽畫面中。其次，再次利用「新增素材」上傳「影片」，並同樣將其拖曳到正中央預覽畫面中，且疊加在前一張「辨識圖」之上，同時利用頁面右側「場景物件設定」調整影片的放置位置、旋轉方向以及縮放大小。接著，可在「場景物件」中，點選這個疊加「影片」的名稱，並利用編輯頁面右側「圖片設定」點選「新增功能」，選擇「顯示文字」，並輸入如「○○大學圖書館介紹」等文字。至此，讓整個AR作品同時融合辨識圖片、疊加影片與顯示文字，一旦觀察者利用載具（如手機）掃描辨識圖或圖書館眞實外觀後，載具視窗將立即顯現影片與文字的介紹，達到擴增實境的效果。最後，點選頁面右上角「保存專案」，回到主畫面「發佈專案」，即完成創作。

MAKAR操作介面與功能

場景物件　　　　　　　　　　預覽畫面　場景物件設定

新增素材

圖片設定

5分鐘認識
MAKAR

MAKAR還有哪些須知？

免費版功能：免費版MAKAR AR與VR共用10MB的檔案容量，共同儲存與發布2則專案，以及可掃描3,000次的圖片；另外，可提供6張的圖像辨識數。端看使用者依個人需求付費購買升級，惟若以教育帳號註冊登入，將可比照專業版的功能使用一個月，如儲存與掃描數無限制，與VR共用2GB檔案容量與擁有25則專案發布，以及20張圖像辨識數等功能。

觀看專案：他人要觀看專案，編輯者需先在「主畫面」右上角「帳戶設定」選擇「行動條碼」下載QR碼並分享他人，觀看者利用載具（如手機）掃描QR碼，找到專案名稱，點選「開始體驗」，接著再次利用載具掃描「辨識圖」即可看到擴增實境成效。

其他功能：在MAKAR AR「新增素材」中，除了能插入一般圖片與影片外，還能插入文字、音樂、環景圖、3D模型或社群媒體連結（如FB、Line、電話、電子郵件），提升AR專案媒體的豐富度。

互動功能：在MAKAR「功能模組」中，提供集點卡、刮刮卡、酷碰卡等模組，且包含是非、單選、多選、題組、問答（免費版）等專案題庫編輯，若應用在教學，能夠增進師生之間的課堂互動，並即時評估學生的學習成效。

資源來源：筆者整理。

Unit 4-15
虛擬實境（含擴增實境）類─CoSpaces Edu

本書將「CoSpaces Edu」歸類為融合虛擬實境與擴增實境類的App，它是一個跨平臺的應用程式（包括iOS、Android與網頁版），教學者可依個人載具分別在App Store（iOS系統）、Play商店（Android系統）搜尋「CoSpaces Edu」安裝此App，也可透過網頁搜尋使用。它是一個教育專用的創造和分享虛擬實境世界的平臺，可以讓教師和學生一同參與創建、探索和互動虛擬實境內容。

一、註冊或登入方式介紹

以網頁版使用為例，進入CoSpaces Edu主畫面後，頁面右上角會出現「註冊」（Register）二字，選取「老師」、「I'm 18 or older」和「I agree」接受相關使用條款後，可以利用Apple、Google、Microsoft等帳號，或者輸入個人一般電子郵件註冊，待收到平臺發出的認證信確認接受後，即可順利登入。

二、操作介面與功能說明

進入CoSpaces Edu主畫面後，頁面左側由上而下分別有畫廊、班級、互動空間、歸檔等功能連結。其中，「畫廊」有CoSpaces團隊或個人創建的VR與AR專案，包括科學（含技術、工程、數學和編碼）、社會科學、語文、DIY空間和藝術等類別，使用者可透過分享連結（如QR碼、分享碼、分享鏈接）進行觀看。「班級」意指將班級師生組織起來，由教師指派個人或小組在同一互動間內個別或合作創建任務。「互動空間」能夠讓使用者進行專案製作，包括輸入專案「名稱」、安排「場景」、選擇或上傳「環境」、「背景圖」與「背景音」，以及安排「角色」等。「歸檔」能夠將不再使用的班級與互動空間進行歸檔。

前往「互動空間」，進入編輯頁面後，使用者可點選「+創建空間」，選擇場景類型，如3D環境、360度影像、VR魔方、Quiz、Tour等（部分需付費升級使用），以「3D環境」為例，左下角從左到右依序有「庫」、「上傳」與「環境」等功能，選擇想要的「環境」（如草原）後，可針對這個環境調整「過濾器」（色彩），插入「地面背景圖」與「背景音」；接著，點選「庫」，安排想要在此場景出現的角色，如人物、動物、家居、自然、運輸、項目、建築物件、其他等，並可利用「旋轉模式」、「移動模式」、「拖拉舉起」和「拖拉縮放」將角色調整到想要的效果與位置，完成後即可進行「分享」。最後，觀看者打開載具（如手機），透過QR碼或代碼選擇VR或AR模式欣賞作品。

總之，CoSpaces Edu結合了創建、編輯和展示虛擬場景的功能，使教學更具有創意和互動性。

圖解教學科技與媒體

CoSpaces Edu操作介面與功能

5分鐘認識
CoSpaces Edu

CoSpaces Edu的特點和功能補充

虛擬場景創建
使用CoSpaces Edu，教師和學生可以輕鬆創建自己的虛擬場景，可以包括3D模型、環境設置、動畫和互動元素等，使得教學內容更生動有趣。

編輯和設計工具
平臺提供了簡單易用的編輯和設計工具，讓使用者可以在虛擬世界中添加、調整和修改元素，以創建自己想要的場景。

編程和互動
CoSpaces Edu內建置了簡單的編程工具（選擇編輯頁面右上角「代碼」），學生可以學習編寫簡單的程式碼，實現場景中的互動和動畫效果，從而提高學習參與度和深度。

虛擬實境體驗
CoSpaces Edu支持虛擬實境頭戴式設備，如Google Cardboard，這讓學生可以身臨其境地體驗自己創建的虛擬世界。

教育資源和分享
平臺上有許多教育資源和範例場景，教師可以參考或直接使用這些內容來進行教學。此外，教師和學生也可以將自己創建的內容分享給其他人，促進教學交流和合作。

跨學科教學
CoSpaces Edu可以應用於多個學科，例如數學、科學、語文、藝術等，可以幫助學生跨學科地探索和學習知識。

資源來源：筆者整理。

Unit **4-16**
國語文領域的應用示例

本教學方案，係以虛擬實境融入國語文領域的方式進行。就教學單元而言，以「文學之旅」為題，帶領學生透過虛擬實境理解文學作品的主題、情節和角色，進而透過觀察、分析與創作，藉此培養學生寫作與表達文學意見的能力。就教學實施來說，則在透過文學探索、作品分析、文學創作與表達等多元方式，逐步引導學生觀察、理解、分析、創作與感受文學之美。就科技與媒體運用而言，則在引領學生運用平板與虛擬實境應用程式（Expeditions Pro）等科技媒材，深入體驗文學作品的場景和情節，進一步理解和詮釋文學作品。

一、教學目標

（一）能理解文學作品的主題、情節和角色。
（二）能觀察並分析文學作品。
（三）能提升文學閱讀理解和詮釋能力。
（四）能培養寫作和表達文學意見的能力。

二、教學活動流程

（一）引起動機

首先，教師介紹本單元的主題：虛擬實境中的文學之旅，並解釋虛擬實境技術的基本概念和應用。接著，教師展示一個與課程相關的虛擬實境軟體或應用程式，如Expeditions Pro，並簡單介紹其功能和特點。

（二）文學探索

1. 教師選擇一部經典文學作品或故事，如莎士比亞的《羅密歐與茱麗葉》或奧斯卡・王爾德的《道林・格雷的畫像》。

2. 利用Expeditions Pro提供的虛擬實境導覽，帶領學生進入故事的場景中，讓他們能夠身臨其境地感受故事背景。

3. 引導學生觀察、分析虛擬場景中的細節，並啟發他們對故事主題、情節和角色的思考。

（三）作品分析

虛擬體驗後，學生分組進行文學作品的分析和討論，包括：

1. 學生分享他們在虛擬環境中的觀察和感受，討論作品中的主題、情節和角色。

2. 教師引導學生進一步分析和詮釋作品，深入探討其中的隱含意義、象徵意義或文學手法；同時，學生將分析與討論結果記錄與整理下來。

（四）文學創作和表達

學生根據他們對文學作品的理解和感受，進行文學創作與表達，包括：

1. 學生使用電腦、平板或其他適當的工具進行寫作，選擇撰寫一篇短篇故事、一首詩歌、一個劇本或一篇評論。

2. 學生分享他們的創作作品，並互相給予回饋和評價。

（五）總結和評價

1. 教師引導學生回顧學習過程，總結他們在虛擬實境中的體驗和學習成果。

2. 教師提供回饋，包括對學生創作作品的評價和對他們參與討論和表達的評價。

在語文領域教學中，還有哪些單元或主題可以嘗試運用虛擬或擴增實境教學？

虛擬實境角色扮演
使用虛擬實境應用程式創建一個虛擬故事場景，學生在虛擬場景中扮演文學作品中的角色，透過語音或文字，展現他們對故事情節中角色的理解和詮釋。

語言學習與文化體驗
利用虛擬實境創建不同語言和文化背景的場景，例如外國城市、國家或地區的場景。學生進入虛擬場景後，透過與虛擬角色的互動和對話，學習和體驗該語言和文化的基本用語、禮儀和文化習俗。

語言學習詞彙擴充
學生可以使用擴增實境應用程式來擴充他們的詞彙知識。他們可以掃描文字或物件，應用程式會顯示該詞彙的定義、例句或圖像，幫助學生理解和記憶新單字。

語言表達增強
學生可以使用擴增實境應用程式將平面圖像或插畫轉化為活潑的動畫影片。這可以幫助學生展現他們的創意、敘事能力和語言表達能力，並激發他們對語文學習的興趣。

語音互動故事
學生可以使用擴增實境應用程式創建互動故事。他們可以錄製故事內容，並將故事角色或場景的圖像連結到影音檔案，使讀者能夠透過掃描圖像聆聽或觀看相應的故事部分。

資源來源：筆者整理。

Unit 4-17
數學領域的應用示例

本教學方案，係以擴增實境融入數學領域的方式進行。就教學單元而言，以「立體圖形」為例，帶領學生透過擴增實境發現與了解立體圖形的基本特性，進而藉由立體圖形模型的建立與觀察，能應用所學概念解決與立體圖形相關的問題。就教學實施來說，則在透過概念探索、合作學習、問題解決等策略，加強學生對立體圖形尺寸、表面積和體積的觀察與理解，同時培養解決問題能力與團隊合作精神。就科技與媒體運用而言，透過擴增實境的應用（GeoGebra 3D計算機），將抽象的立體圖形概念轉化為具體的視覺體驗，幫助學生更深入地理解和應用立體圖形的特性和計算方法。

一、教學目標

（一）能了解不同立體圖形的基本特性和特點。

（二）能應用軟體建立立體圖形的模型。

（三）能掌握計算不同立體圖形的表面積和體積的方法。

（四）能應用所學的概念解決與立體圖形相關的問題。

二、教學活動流程

（一）引起動機

教師展示課前蒐集的各種立體圖形物品供學生觀看，進而介紹本單元的主題：立體圖形，包括角柱、圓柱、角錐和圓錐，藉此啟發學生對於立體圖形的興趣和好奇心。

（二）概念探索

1. 學生使用擴增實境應用程式（如GeoGebra 3D計算機），進入虛擬空間中，透過軟體，觀察和操控不同立體圖形的模型，包括角柱、圓柱、角錐和圓錐。

2. 學生探索各種立體圖形的特性，例如：線與平面關係、底面、側面、高、展開圖等。

（三）分組活動

學生分成小組，進行團隊合作活動，包括：

1. 每個小組挑選一種立體圖形，使用擴增實境軟體建立該立體圖形的模型。

2. 學生透過討論和合作，確認模型的形狀和尺寸，並透過觀察將立體圖形的各個特性詳細記錄下來。

3. 各組透過圖片與文字，口頭報告各個圖形的模型、展開圖、特性與計算方式，師生給予回饋、提問、補充或建議。

（四）問題解決與應用

1. 教師提供一些與立體圖形相關的問題或情境，供學生思考或解題，例如計算表面積和體積、比較不同立體圖形的特性等。

2. 允許學生使用擴增實境軟體，應用所學的概念解決問題。

（五）分享與總結

1. 學生回顧學習過程，分享他們的觀察和體驗。

2. 教師總結本單元的學習重點，歸納立體圖形的特性與解題方式。

在數學領域教學中，還有哪些單元或主題可以嘗試運用虛擬或擴增實境教學？

數學視覺化

虛擬實境可以提供豐富的視覺化效果，幫助學生更好地理解抽象的數學概念。例如MathWorldVR是一個以虛擬實境為基礎的數學視覺化工具，可以讓學生在三度空間中觀察和互動數學模型，從而深入理解數學概念。

數學問題解決

虛擬實境可以提供一個互動和具挑戰性的學習環境，讓學生在解決數學問題時進行即時的互動和實驗。例如AllviA Math Alive是一個以虛擬實境為基礎的數學問題解決遊戲，透過各種數學挑戰和謎題，激發學生的數學思維和解決問題的能力。

數學解題

使用擴增實境應用程式，如Photomath，學生可以進行數學練習和解題。例如，他們可以掃描數學題目，應用程式會顯示答案或提供互動解釋，幫助學生理解和練習數學概念。

圖表和資料分析

透過擴增實境，學生可以使用應用程式來呈現和分析圖表和資料，如Graphing Calculator AR。他們可以將數據圖表投影到真實環境中，並進行數據分析、趨勢觀察等操作，以提升對圖表和資料的理解和解讀能力。

資源來源：筆者整理。

Unit 4-18
自然領域的應用示例

圖解教學科技與媒體

本教學方案，係以虛擬與擴增實境融入自然領域的方式進行。就教學單元而言，以「生物多樣性」為例，帶領學生認識生物多樣性的概念、層次、特徵與面臨危機，從而培養學生生物保育的意識與關懷行為。就教學實施來說，則在透過概念探索、虛擬與擴增實境體驗、討論與發表、研究與報告等多元活動，藉此激發學生對生物多樣性的興趣與好奇心，培養他們對自然環境的關注和保護意識。就科技與媒體運用而言，乃透過虛擬與擴增實境的應用（如Biodiversity Explorer），提供學生身臨其境的生物多樣性體驗，以豐富他們對生物學的理解和欣賞。

170

一、教學目標

（一）能理解生物多樣性的概念和重要性。

（二）能認識不同層次的生物多樣性及其特徵。

（三）能探索生物多樣性在生態系統中的作用及其面臨的危機。

（四）能培養對生物保育的意識和關懷。

二、教學活動流程

（一）引起動機

教師播放事先準備的生物多樣性影片（如YouTube）供學生觀看，引導學生思考生物多樣性的意義和價值，並提出相關問題激發學生的學習興趣。

（二）概念解釋與探索

1. 教師講解生物多樣性的定義、層次與特徵。

2. 學生討論與發表生物多樣性可能面臨的危機，如外來種入侵、人口問題、環境汙染、資源過度使用等。

（三）虛擬或擴增實境體驗

1. 學生透過手機或平板使用應用程式，如Biodiversity Explorer、繽紛的生命，進行生物多樣性的虛擬或擴增實境探索。

2. 應用程式中包含多個生物多樣性場景，學生可以觀察不同生物的模型、動作和環境；此外，學生也可以與虛擬生物進行互動，觀察其行為和特徵。

（四）討論與發表

1. 小組討論後，學生分享他們在虛擬與擴增實境體驗中的觀察和發現。

2. 教師引導學生進一步討論生物多樣性的重要性和對生態系統的影響。

（五）研究與報告

1. 學生分組進行小型研究，選擇一個生物物種或生態系進行深入探索。

2. 學生使用資源，如圖書館、網路和相關應用程式，了解所選生物或生態系的特徵、分布範圍和生態習性。

3. 學生整理資訊，製作簡報或報告，並分享他們的研究成果。

（六）總結

教師結合課堂討論和學生報告，總結生物多樣性的重要性與相關學習重點。

在自然領域教學中，還有哪些單元或主題可以嘗試運用虛擬或擴增實境教學？

野外考察
使用虛擬實境應用程式，如Nearpod，學生可以參與虛擬實境的野外考察，例如探索珊瑚礁、研究雨林生態系統或觀察地質變化。這可以提供無法親身體驗的自然環境，讓學生透過虛擬互動方式學習相關知識。

生物解剖
學生可以使用虛擬實境技術，進入虛擬的解剖實驗室，如Virtual Reality Human Body，觀察和操作虛擬的人體結構。這種虛擬的解剖學學習可以讓學生更深入地了解人體的組成和器官之間的關係。

環境探索
學生可以使用虛擬實境應用程式，如Expeditions Pro，探索不同的地理和自然環境，例如探索海洋生物、探險遠古世界或參觀太空站等。

河流生態觀察
WWF Free Rivers這個應用程式結合了擴增實境和數據可視化技術，讓學生可以觀察和了解全球各地的河流生態系統。學生可以使用應用程式中的AR功能，在現實環境中觀察並互動虛擬的河流，同時學習有關河流生態保護和環境可持續性的知識。

觀察天文
擴增實境可以用於創建身臨其境的天文學學習體驗，讓學生可以觀察和探索星體、行星和宇宙現象。例如Star Walk 2 Ads+：觀星的應用AR是一個擴增實境應用程式，讓學生可以透過手機或平板觀察並學習關於天體運動、星座和行星等天文學知識。

化學實驗
擴增實境可以用於創建化學實驗和分子模型的視覺化效果，讓學生可以採互動的方式進行實驗和觀察。例如，化學家 - CHEMIST是一個擴增實境應用程式，讓學生可以在現實環境中進行化學實驗和操作分子模型。

資源來源：筆者整理。

Unit 4-19
社會領域的應用示例

本教學方案，係以虛擬實境融入社會領域的方式進行。就教學單元而言，旨在帶領學生認識家鄉附近的人文史蹟與風土民情；就教學實施來說，則在透過欣賞、問答、實察、討論、實作、報告、體驗、發表等方式，循序漸進地引導學生認識、覺察、欣賞與感受家鄉人文史蹟之美；就教學媒體運用而言，則在引領學生運用平板電腦（iPad）與虛擬實境應用程式（AR2VR）等科技媒材，以數位說故事的方式，創建一圖文並茂、影音俱全的家鄉史蹟導覽作品。

一、教學目標

（一）能認識家鄉附近的人文史蹟。
（二）能說出（指出）家鄉附近人文史蹟的特色。
（三）能覺察與感受家鄉附近人文史蹟之美。
（四）能運用行動載具應用程式的功能，創建家鄉人文史蹟的導覽。

二、教學活動流程

（一）欣賞與發表

教師利用電腦或平板播放課前蒐集的家鄉人文史蹟圖片或照片（如老街），並詢問學生：「照片中的地方在哪裡？自己或家人是否曾經前往？對這些地方的印象為何？」藉此喚起學生對家鄉人文史蹟的記憶或印象。

（二）實察與問答

教師課前自行決定或師生共同票選決定前往其中一處的人文史蹟（如老街），透過實際考察與現場問答，讓學生能認識家鄉人文史蹟的諸多特色。

（三）討論與實作

教師課前將學生分組，在前述實察活動後引導學生：其一，針對家鄉人文史蹟，小組成員共同討論欲導覽的場景與重點為何（如老街沿革、建築風格、騎樓、牌樓、街景等）；其二，針對欲導覽的場景，利用全景相機或載具拍攝景點的平面照片與全景照片，供後續場景導覽創建之用；其三，透過網路或圖書資源蒐集與景點有關資料，並請學生錄製景點解說與旁白；其四，利用AR2VR應用程式，先由小組成員共同討論場景鋪陳順序，並融入每一場景的圖片與解說，以及安排場景動線，最後完成小組的虛擬實境導覽創建。

（四）體驗、觀摩與回饋

利用AR2VR的影像側錄或團體導覽模式，學生之間相互觀摩其他小組的虛擬實境作品，並透過回饋與交流，給予小組作品正面評價與建議。

（五）心得分享與發表

教師利用課前設計的學習單或回饋表，請學生撰寫家鄉人文史蹟踏察與導覽創建的心得，並透過反思與發表，讓學生從中體會與感受家鄉人文史蹟之美。

在社會領域教學中，還有哪些單元或主題可以嘗試運用虛擬或擴增實境教學？

如：在「認識地形」單元，教師可以帶領學生透過虛擬實境團體導覽，認識五大地形的特徵與變化；或是創建五大地形的擴增實境影像，讓學生透過載具掃描課本平面圖時，呈現五大地形立體影像或3D動畫，加深對五大地形的認識。

如：在「認識校園」單元，教師可以帶領學生創建學校各個場所的虛擬實境導覽，如行政大樓、教學大樓、圖書館、體育館、健康中心、操場等等；或是創建學校各個場所的擴增實境影像，讓校內外人士透過導覽互動充分認識校園。

如：在「認識自然災害」單元，教師可以帶領學生透過自然災害虛擬實境場景導覽，如地震、颱風、豪雨、土石流等，認識自然災害的威脅與危機；或是創建自然災害的擴增實境影像，讓學生透過載具掃描課本平面圖時，呈現自然災害影像或動畫，加深對自然災害的認識。

如：在「認識史前文化」單元，教師可以帶領學生透過史前文化生活的虛擬實境導覽，如文化遺址、生活方式、使用器物等，認識早期先民在食衣住行的生活樣貌。

資源來源：筆者整理。

第 **5** 章

科技媒體應用：遠距教學篇

● 章節體系架構 ▼

Unit 5-1
遠距教學的起源與發展

　　遠距教學（Distance Education）並非新興名詞，然而，因2019新型冠狀病毒（2019-nCoV，俗稱武漢肺炎）肆虐全球，讓此一教學模式再次受到學界與實務界的提及與正視。那麼，遠距教學的起源為何？其歷史發展又是如何？

一、遠距教學的起源

　　遠距教學的起源可以追溯到遠程教育的發展，而遠程教育的概念始於過去幾個世紀中的書信教育（McCarthy & Samors, 2009；Simonson et al, 2019）。Anderson與Simpson（2012）指出，在18世紀和19世紀，書信教育是一種教師和學生之間透過書信進行學習和教學的方式。學生透過書信向教師提交作業並接收指導，教師則透過書信提供教材和回饋，這種教學模式為學生提供了在時間和地點上更靈活的學習機會。儘管書信教育是遠距教學的起源，但現代遠距教學已經演變為使用數位技術和網際網路的形式，如線上課程、視訊會議和網路平臺，這些新的技術和工具為遠距教學提供了更多的互動和協作方式。

二、遠距教學的發展

　　由上可知，遠距教學的歷史發展與過去幾個世紀的書信教育（也稱為郵寄教育）息息相關，在郵寄教育中，學生透過郵寄方式接收學習材料並提交作業，教師則透過郵件提供指導和評估學習。隨著技術的進步，遠距教學在20世紀後經歷了幾個重要的發展階段（Moore & Kearsley, 2011）：

（一）電視和廣播教育

　　在20世紀中期，電視和廣播開始用於教育目的，例如提供錄製的課程和教學節目，這擴大了遠距教學的範圍，讓更多學生能夠透過電視和廣播收看教育內容。

（二）電腦輔助教學

　　隨著個人電腦和互聯網的普及，遠距教學開始轉向使用電腦和網路技術。教師可以開發線上課程、提供電子學習資源，並透過電子郵件和討論區進行教學互動。

（三）虛擬學習環境

　　近年來，虛擬學習環境如學習管理系統和線上教室成為遠距教學的常見工具。這些平臺提供了課程管理、互動討論、作業提交和評估等功能，促進了學生和教師之間的互動和合作。

　　當前遠距教學的發展得益於數位科技的進步，特別是網際網路和通訊技術的發展，不但使得遠距教學變得更加靈活和便利，也為學生提供了更多的選擇和自主學習的機會。特別是學習者可以不受時間和空間的限制，隨時隨地進行學習，並且可以選擇自己感興趣的課程和教學方式，讓遠距教學的發展往前邁進了一大步。

遠距教學的演進與教學媒體的發展

學習方式

網路教學

第三代

廣播、電視教學

第二代

高

互動程度

低

函授教學

第一代

177

印刷
媒體　　聽覺
媒體　　視聽覺
媒體　　電腦
媒體　　網路
媒體

媒體與科技發展

資料來源：修改自林家萬（2005）。機械製造之數位學習成效研究（未出版之碩士論文）。國立
臺灣師範大學工業教育學系。

Unit 5-2
遠距教學的意義與特性

圖解教學科技與媒體

178

遠距視訊一直在商業界盛行，然而教育界中卻因為缺少人與人相處的溫度及最重要的學習動機，遠距教學的可行性經常受到質疑（簡志峰，2020）。直到2019新型冠狀病毒肺炎疫情，遠距教學才又重新受到重視。那麼，遠距教學一詞所謂何指？其與傳統教學相較，又具有哪些特性呢？

一、遠距教學的意義

遠距教學係指學生和教師在地理上分離的情況下進行教學的過程，該過程使用印刷、電子、通訊技術或混合媒體來支持教學活動（Moore, 1997）。Simonson等（2019）則主張，遠距教學是一種使用教育科技的教學方法，透過網路和其他通訊技術，使學生能夠在不同地點和時間進行學習。Smaldino等（2012）進一步詮釋，遠距教學是指運用電視及網際網路等傳播媒體的一種教學模式，其具有時移（time-shift）教學，即於現場即時課程後，可在其他時間再體驗此課程，亦具有位移（place-shift）教學，即在教師不在現場的其他地點也能進行此課程的特性。統合學者們的觀點可知，遠距教學是一種教學活動、教學方法或教學模式，其伴隨教學媒體與資訊科技的發展而有不同的運作方式，並且實現教師與學生在時間和空間分隔的狀態下持續進行教與學的歷程。

二、遠距教學的特性

綜合學者們的看法（Anderson & Dron, 2011；Bates, 2019；Moore & Kearsley, 2011；Simonson et al., 2019），可將遠距教學的特性歸納如下：

（一）教學的多樣性

遠距教學可以運用多媒體素材、網路討論、遠程會議等方式進行教學，提供豐富多元的學習體驗，以滿足不同學生的學習需求。

（二）學習的彈性

遠距教學允許學生根據自己的時間和地點進行學習，也可以根據自己的節奏和進度進行學習，從而提供更大的學習彈性。

（三）學習的互動性

遠距教學可以透過線上討論、協作項目和虛擬小組活動進行互動和合作學習。同時，教師也可以提供即時的回饋和指導，促進學生的學習進展。

（四）學習的自主性

遠距教學鼓勵學生的自主學習和自我管理能力。學生需要負責自己的學習進程，自主選擇學習資源和學習方式，並具備良好的時間管理和組織能力。

（五）學習的全球性

遠距教學能夠突破地域限制，讓學生可以與全球範圍內的教育資源和學生進行交流和合作。學生可以接觸到來自不同文化和背景的學習者，擴展他們的學習視野和國際交流的能力。

遠距教學與傳統教學的差異

比較項目	遠距教學	傳統學習
教學模式	通常使用線上平臺和工具進行教學，學生可以根據自己的進度和地點進行學習。	基於面對面的教學模式，學生需要在特定的時間和地點參與課堂。
學習環境	提供了一個虛擬的學習環境，學生可以透過線上平臺和工具進行學習和互動。	基於實體的學習環境，學生和教師在同一地點進行交流和互動。
學生自主性	學生通常有更大的自主學習的空間和靈活性，可以根據自己的時間和進度進行學習。	學生需要遵守固定的課堂時間表和進度進行學習。
教學互動	教師和學生的互動通常是透過線上平臺和工具進行的，例如視訊會議、討論論壇等。	教師和學生可以直接面對面進行互動和交流。
學習支援	學生可能需要更多的自主學習技能和自我管理能力，因為他們可能需要獨立地進行學習。	教師通常提供更多的指導和支援。

資料來源：

1.Moore, M. G., & Kearsley, G. (2011). *Distance education: A systems view of online learning* (3rd ed.). Wadsworth Publishing.

2.Simonson, M., Smaldino, S., Albright, M., & Zvacek, S. (2019). *Teaching and learning at a distance: Foundations of distance education* (7th ed.). Information Age Publishing.

Unit 5-3
遠距教學的實施類型

就遠距教學的實施類型而言，大致可以分成同步教學（同時、不同地）、混成教學（時間和地點的混搭）與非同步教學（不同時、不同地）等形式，以下針對三種遠距教學類型的意義與特徵加以說明。

一、同步教學（Synchronous Instruction）

同步教學是指教師和學生雖然分隔兩地，但仍能在相同的時間內進行實際的教學活動和互動。以下是同步教學的若干特徵（Hrastinski, 2008；Moore & Kearsley, 2011；Simonson et al., 2019）：

（一）即時性

同步教學可以實現教師和學生之間的即時互動，也能促進學習者之間的互動和合作。

（二）協作性

同步教學可以透過討論區、即時聊天等工具，促進學生之間的合作與討論，以實現合作學習。

（三）即時回饋

同步教學可以提供教師對學生學習的即時回饋，幫助學生更好地理解和應用學習內容。

二、混成教學（Blended Learning）

混成教學是結合了傳統面對面教學和線上教學的教學模式，教師和學生可以在課堂上進行互動和實際操作，同時也利用線上平臺進行補充學習、作業提交和討論等活動（Simonson et al., 2019）。以下是混成教學的若干特徵（Garrison & Kanuka, 2004；Graham, 2012；Means et al., 2010）：

（一）整合性

混成教學將線上和線下教學環境做兩相結合，讓教師和學生在不同場景中進行學習和互動。

（二）學習融合

混成教學結合了面授教學的互動性和線上學習的靈活性，促進了師生和同儕之間的合作和互動。

（三）多元運用

混成教學需要教師安排不同的教學模式和學習活動，合理運用教學策略和資源，以達成教學目標。

三、非同步教學（Asynchronous Instruction）

非同步教學是指教師和學生在不同的時間、不同的地點進行學習和教學活動，而且彼此之間不需要即時的互動。以下是非同步教學的若干特徵（Hrastinski, 2008；Moore & Kearsley, 2011；Simonson et al., 2019）：

（一）非即時性

非同步教學不要求學生和教師在同一時間進行教學活動，學生可以根據自己的時間安排進行學習。

（二）空間彈性

非同步教學可以讓學生在不同地點進行學習，提供了學習地點選擇的方便與彈性。

（三）學習自主性

非同步教學鼓勵學生的自主學習，可以按照自己的節奏進行學習，反覆閱讀和研究學習資料，加深對知識的理解。

同步遠距教學工具比較

	Google Meet	Zoom	Cisco WebEx	Microsoft Teams
版本	G Suite	免費版	免費版	免費版
人數	100人	100人	100人	250人
下載安裝	不需要	需要	有網頁版與程式版（依個人需求）	有網頁版與程式版（依個人需求）
會議錄影	有	有	有	有
電子白板	有	有	有	有
舉手	有	有	有	有
投票	有	有	有	有
共享內容	如螢幕、軟體、文件、簡報、影片	如螢幕、軟體、文件、簡報、影片	如螢幕、軟體、文件、簡報、影片	如螢幕、軟體、文件、簡報、影片
分組討論	有	有	有	有
註記		因資安問題教育部發函學校禁用		

資料來源：筆者整理。

非同步遠距教學工具比較

	Moodle	Google Classroom	1Know
線上測驗	是	是	是
線上作業	是	是	是
線上影音	是	是	是
線上討論區	是	是	是
學習紀錄	是	是	是
課程訊息公告	是	是	是
錄製影片	否	否	否
註記	Moodle自由軟體	Google教育平臺	澔學學習股份有限公司

資料來源：筆者整理。

Unit 5-4
遠距教學的具體做法

　　三類遠距教學模式各有其意涵與特徵，在實際教學時，又該如何運用與進行呢？參酌學者們的觀點（薛慶友，2022a；Akkoyunlu & Soylu, 2008；Garrison & Vaughan, 2008；Graham et al., 2013；Harasim, 2012；Hew & Lo, 2018；Keengwe & Kidd, 2010；Moore & Kearsley, 2011；Simonson et al., 2019），茲提出具體做法例舉如下：

一、同步教學做法例舉

（一）視訊會議

　　教師和學生可以透過視訊會議工具，如Zoom、Microsoft Teams等，在線上進行實際的教學，包括教師進行課堂講解、學生提問和討論，以及小組活動等。

（二）即時問答和回饋

　　教師可以使用即時問答工具，如Kahoot，讓學生在教學過程中即時回答問題，提供互動和反饋，這有助於學生積極參與並測試他們對教材的理解。

（三）線上白板和共享文件

　　教師可以使用線上白板工具，如Google Jamboard、Microsoft Whiteboard等，來進行實際的筆記、示範和演示。同時，教師和學生可以共享文件，例如教學資源、作業等。

（四）協作和小組活動

　　教師可以組織學生進行協作和小組活動，透過線上協作平臺，如Google Docs、Microsoft OneDrive等，學生可以同時在同一文件上進行編輯和討論。

二、混成教學做法例舉

（一）翻轉教室（Flipped Classroom）

　　教師將教學內容錄製成影像或教學材料，提供給學生在課前自主學習；在課堂上，教師則可利用實際演示、討論和問題解答等活動，進行更深入的學習和互動。

（二）線上學習

　　教師使用線上平臺或教學管理系統，提供學生線上學習模組，包括教學影像、教材閱讀、線上測驗等；學生可以根據自己的進度和時間進行學習，並透過線上平臺進行作業提交和討論。

（三）合作學習

　　教師組織學生進行小組合作學習，可以在課堂上進行面對面的合作討論和活動，也可以透過線上平臺進行協作和討論。

三、非同步教學做法例舉

（一）錄製教學影像

　　教師可以錄製教學影像，包括講解、示範、簡報等。學生可以根據自己的進度觀看影像，進行自主學習。這樣的做法允許學生按照自己的時間表學習，並在需要時回放影像以複習。

（二）線上討論論壇

　　教師可以建立線上討論論壇，例如使用學習管理系統中的討論區或社群媒體平臺，讓學生在不同的時間進行討論、發表意見和回答問題。

（三）線上教材

　　教師可以提供線上教材，如教科書章節、閱讀資料、簡報等，讓學生根據自己的進度進行學習，並進行相應的練習和作業。

（四）線上測驗和評估

　　教師可以設計線上測驗和評量形式，例如線上問卷、測驗工具等。學生可以根據自己的時間進行測驗和提交作業，教師則可以透過線上平臺進行評估和反饋。

三種遠距教學混成教學做法之比較

	翻轉教室	線上學習	合作學習
課前安排與混成型態	1.教師提出預習問題 2.學生撰寫預習筆記 （不同時不同地）	1.教師安排學習資源，與指派學習任務 2.學生自主完成教師指派任務 （不同時不同地）	1.教師安排學習資源，與指派學習任務 2.教師利用軟體或應用程式（如Google Meet）線上進行學生分組
課中安排與混成型態	1.教師檢視預習成果、引導課中討論，與進行個別指導 2.學生完成課中練習 （同時不同地，或同時部分同地部分不同地）	1.教師後臺檢視學生完成任務情形 2.教師引導學生進行學習任務結果檢討 （同時不同地，或同時部分同地部分不同地）	1.教師線上引導小組學生進行學習任務討論 2.教師線上指導小組學生協力完成學習任務 3.小組學生進行學習任務成果分享 （同時不同地，或同時部分同地部分不同地）
課後安排與混成型態	1.學生課後完成進階學習任務 2.學生持續下節預習任務 （不同時不同地）	1.學生課後完成進階學習任務 2.教師安排學習資源，與指派下一階段學習任務 （不同時不同地）	學生課後小組協作完成進階學習任務 （同時或不同時不同地）

183

資料來源：修改自薛慶友（2022a）。中小學遠距混成教學模式應用之初探。師友雙月刊，**633**，26-31。

Unit 5-5
遠距教學的優點與缺點

　　2019年末，由於COVID-19新冠肺炎疫情爆發與蔓延，世界各地的城市紛紛陷入膠著狀態，許多校園關閉，學生們被迫留在家中暫停上學，遠距教學瞬間成為唯一的學習途徑（汪書宇，2021）。循此，對於教學者或學習者來說，若能深入了解遠距教學發展的優勢與限制，將有助於此種教學模式的實施與推展。綜觀學者的見解（Bates, 2019；Garrison & Vaughan, 2008；Moore & Kearsley, 2011；Simonson et al., 2019），茲將遠距教學的優點與缺點統整如後：

一、遠距教學的優點

（一）靈活性和方便性

　　遠距教學提供了時間和地點上的靈活性，教師可以在任何地點使用網路設備進行教學活動，學生也可以根據自己的時間安排進行學習。

（二）學習的普及

　　遠距教學使得教育機會普及化，讓無法參加傳統課堂的人群，如遠程地區的學生、工作專業人士、家庭主婦等，也能夠接受教育。

（三）個別化和自主學習

　　遠距教學環境可以促進學生的個別化學習，根據自身需求和興趣選擇學習內容，並以自主的方式進行學習。

（四）學習資源豐富

　　透過遠距教學，學生可以輕鬆獲得大量的學習資源，包括線上圖書館、數位教材、網路課程等，增加學習的多樣性和深度。

（五）提升技術和數位素養

　　遠距教學要求教師和學生運用數位工具和科技進行教學和學習，因此能提升他們的資訊能力和數位素養。

二、遠距教學的缺點

（一）缺乏面對面互動

　　遠距教學由於缺乏面對面的互動，教師和學生之間的直接溝通和互動受到限制，以及學生之間的同儕互動也可能受到影響。

（二）學習動機和自律性挑戰

　　遠距教學需要學生具備良好的自我管理和時間管理能力，因為他們需要自主管理時間、計畫學習進度，並完成作業和任務，此一歷程需要克服學習動機不足的問題。

（三）學習社交和情感支持不足

　　遠距教學中，學生可能缺乏面對面的社交互動和師生之間的情感支持，這可能使得部分學生感到孤立，進而影響學習動機和學習效果。

（四）需要強大的自主學習能力

　　遠距教學要求學生具備自主學習能力，能夠自我驅動地學習和解決問題，對於缺乏這方面能力的學生來說可能會面臨困難。

（五）技術要求和故障風險

　　遠距教學依賴於數位技術和網路連接，如果教師或學生遇到技術問題或網路故障，可能會影響教學和學習的成效。

遠距教學實施的挑戰

對教師而言

對學生而言

教學策略轉變
教師需要適應和採用不同的教學策略和方法，以適應遠距教學環境，包括設計和提供適合線上學習的教材、活動和評量（Bolliger & Wasilik, 2009）

學習自律和時間管理
學生需要具備自主學習的能力，能有效管理學習時間和學習進度，以確保學習的有效性（Hrastinski, 2008）

技術使用和教學工具
教師需要學習使用新的技術工具和平臺，並且需要應對技術問題和故障，以確保遠距教學能順利進行（Hodges et al., 2020）

學習動機和參與度
學生可能面臨孤立感及缺乏與同儕和教師互動，這可能對學習動機和參與度產生影響（Hrastinski, 2008）

學生支持和互動
教師需要主動提供學生支持和建立有效的互動機制，以確保學生在遠距教學環境中的學習成果（Hodges et al., 2020）

技術能力和數位素養
學生需要具備基本的技術能力，包括使用教學工具和遠距學習平臺，並具備良好的數位素養（Bao, 2020）

Unit 5-6
線上教學平臺—Google Classroom

本書將「Google Classroom」歸類為線上教學平臺類App，它是一個跨平臺的應用程式（包括iOS、Android、網頁版），教學者可依個人載具分別在Play商店（Android系統）與App Store（iOS系統）搜尋「Google Classroom」安裝此App，也可透過網頁註冊登入使用，它可以提供教材上傳、作業提交、討論區等功能，方便教師組織和管理課程內容，並讓學生在線上學習和交流。

一、註冊或登入方式介紹

以網頁版使用為例，進入Google Classroom頁面後，可以選擇要登入的個人Gmail帳號，接著選擇你的身分（我是老師或者我是學生）即可順利進入主畫面。因為是Google原生的應用程式，所以註冊與登入方式非常簡易快速。

二、操作介面與功能說明

進入Google Classroom主畫面後，點選主畫面右上方「+」的圖示，可以選擇「加入課程」或「建立課程」。以教師身分建立課程為例，輸入課程名稱、單元、科目、教室等基本資料後（可擇一），即可創建一個新課程。在課程主畫面正上方從左至右分別有訊息串、課堂作業、成員與成績等功能連結。以「訊息串」來說，教師可以在此向學生宣布事項，包括發布公告、張貼作業與回應學生問題，同時，可針對每個訊息連結Google雲端硬碟檔案、YouTube影片、上傳檔案或者新增其他連結。其次，「課堂作業」部分，教師可點選左上角「+建立」圖示，依個人需求，選擇作業、測驗作業、問題、資料、重複使用訊息等功能，指派學生課程作業，並可依照主題分門別類。除此之外，每項作業亦可附加雲端硬碟、YouTube、建立、上傳、連結等子功能，並可設定發布對象、發布時間、分數、截止日期等條件。「成員」部分，則可邀請協同教師或班級學生加入課程，共同教學或參與學習。至於「成績」部分，則可以查看與管理學生成績。

另外，主畫面右上角的「齒輪」圖示，可以進行一些課程設定，例如：課程詳細資料（如課程名稱、課程說明、單元、教室、科目等）、一般設定（如邀請代碼、訊息串設定、管理Meet連結）、成績（如設定成績計算方式、新增成績類別等）。總括來說，Google Classroom是一開放式的線上教學平臺，其整合了Google諸多的應用程式，且平臺內容與規劃可以由教學者逕自安排與決定，擁有彈性且容易操作上手的特性。

Google Classroom操作介面與功能

5分鐘認識
Google Classroom

Google Classroom的其他功能例舉

複製課程或教材
如果是科任教師，一門課可能同時教授多個班級，這時運用複製功能可以節省教師備課時間與負擔。首先，找到主畫面「≡」圖示，回到「課程」，找到你需要複製的課程，點選右上角「⋮」圖示，選擇複製，即可成功複製一門同樣內容的課程給不同班級使用。另一個方式是點選「課堂作業」，按「+建立」，點選「重複使用訊息」，即可複製任何一個教材到不同班級。

視訊功能
主畫面左側一個Meet連結圖示，教師開啟「產生連結」後，學生只要進入課程，點選「加入」，即可與班級師生進行視訊。

重要訊息
點選主畫面左上角「≡」圖示，找到「待批閱」，點選後可以看到教師待批閱與已批閱的作業。另找到「日曆」，點選後可以觀看課程重要訊息。此外，主畫面左側，會顯示「接近截止日期的作業」，方便師生掌握作業訊息。

作業類型
在「課堂作業」指派作業時，點選附加「+建立」功能，可以選擇教師想要學生完成的作業類型，包括文件、簡報、試算表、繪圖、表單等，可讓學生運用不同軟體完成作業。

資料來源：筆者整理。

Unit 5-7
線上教學平臺—Microsoft Teams

本書將「Microsoft Teams」歸類為線上教學平臺App，它是一個跨平臺的應用程式（包括iOS、Android、網頁版與程式版），教學者可依個人載具分別在Play商店（Android系統）與App Store（iOS系統）搜尋「Google Meet」安裝此App，也可透過網頁搜尋或下載軟體安裝使用，它是一個由Microsoft開發的協作和通訊平臺，團隊成員能夠在此進行文字和視訊通話、檔案共享、任務分配、日曆管理等活動。

一、註冊或登入方式介紹

以網頁版使用為例，進入Microsoft Teams首頁後，可以點選「免費註冊」，如果使用者擁有 Microsoft 帳號，可直接註冊登入。如果不是使用Microsoft帳號申請Teams，網頁亦會協助你建立帳戶並登入。此外，Teams還有提供Windows程式版，功能與網頁版雷同，如果擔心沒開網頁而漏接訊息，可選擇程式版下載安裝使用。

二、操作介面與功能說明

以教育帳號登入，進入Microsoft Teams主畫面後，頁面左側從上而下依續有活動、聊天、團隊、作業、行事曆、其他（如檔案、通話）、應用程式等功能連結。其中，「活動」類似摘要，這裡顯示提及、回覆和其他通知等訊息。「聊天」顧名思義可以和平臺內的聯絡人進行訊息溝通，諸如透過文字、附加檔案、表情圖示、GIF動態圖片、貼圖等方式，也可以藉由即時錄製視訊短片傳遞訊息。「團隊」意指可在

平臺加入或建立團隊，包括班級、專業學習社群、教職員、其他（如社團）等類型，以「班級」為例，輸入班級名稱或描述後，班級團隊隨即建立完成。進入班級頁面，教師可在此「上傳課程教材」，檔案如Word文件、Excel活頁簿、PowerPoint簡報、OneNote筆記本、Forms、Visio繪圖、連結（如網頁）等格式；或是「設定課程筆記本」，提供學生一個做筆記的私人空間以及一個可共同作業的創作區；抑或指派「作業或測驗」，並檢視與匯出「成績」。「作業」則可讓教師建立、瀏覽或評分各項作業或測驗，並能即時查看逾期遲交學生名單，以及掌握各項作業批改發還情形。此外，「行事曆」可以讓教師發起即時視訊會議，或者按照日期與時間排定新會議，讓所有團隊成員掌握行事，一目了然。

總之，Teams提供了一個全面的協作和通訊平臺，適合在遠距教學中進行各種活動，從課程規劃到訊息傳遞，都能在同一個平臺上進行。

Microsoft Teams操作介面與功能

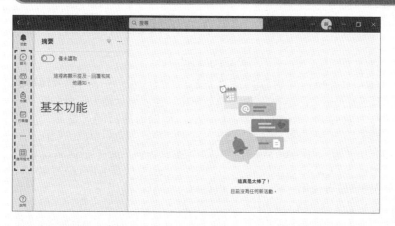

5分鐘認識
Microsoft Teams

Microsoft Teams視訊功能介紹

視訊會議
使用者可以利用「團隊」或「行事曆」發起「立即開會」或「排程會議」，前者可以複製會議連結邀請他人加入；後者可以新增會議名稱與出席者，設定會議日期與時間，預排會議。

螢幕共享
在視訊通話或會議期間，點選「分享」，可以輕鬆地與他人共享你的螢幕，例如：整個螢幕、特定視窗，或者利用「Microsoft Whiteboard」讓個人或邀請他人在白板上作業。

即時訊息
在視訊通話或會議中，可以點選「聊天」，使用即時訊息功能發送文字訊息，和他人進行交流和討論。

虛化處理
在視訊通話或會議期間，你可以點選「效果和虛擬人偶」，在視訊通話中模糊背景，將焦點集中在自己身上；或者利用虛擬人偶，與他人互動。

會議錄製與轉錄
在視訊會議中，點選「錄製與轉錄」，可以將會議過程錄製下來，並且可以在後續時間回放，讓錯過會議的人或需要重新查看會議內容的人加以檢視。此外，轉錄功能可以將會議內容以逐字稿的方式呈現。

分組討論
在視訊會議中，點選「分組討論區」，可以建立分組討論，討論方式待教師確認討論組別數後，可以選擇個人「手動」或Teams「自動」指派參與者到各個會議室。

資料來源：筆者整理。

Unit 5-8
線上教學平臺—1Know翻轉你的學習

本書將「1Know翻轉你的學習」歸類為線上教學平臺App，它是一個跨平臺的應用程式（包括iOS、Android、網頁版），教學者可依個人載具分別在Play商店（Android系統）與App Store（iOS系統）搜尋「1Know」安裝此App，也可透過網頁搜尋使用，它是一個數位學習平臺，整合了多種工具和功能，可以支援教師進行遠距教學以及在教室內的互動教學。

一、註冊或登入方式介紹

以網頁版使用為例，進入1Know首頁後，可以點選「會員登入」，使用者可以利用Google、Facebook、Microsoft帳號，或者個人電子郵件註冊登入。

二、操作介面與功能說明

進入1Know主畫面後，頁面左上角從左而右依序有群組、課程、發現等功能連結。其中，「群組」意指可以加入別人的班級當學生或助教，也能建立自己的班級，指派課程任務，追蹤學生學習進度，以及建立班級訊息溝通管道。「課程」可以建立自己的教材，也能夠直接訂閱別人的教材，作為個人備課或學習之用。「發現」有他人分享的單一教材、課程和群組，可依個人的需求搜尋利用。

根據筆者的試用，以「群組」為例，當教師以班級名義建立群組後，在班級群組頁面，正上方有「發新訊息」與「新增任務」兩大功能連結，前者可以透過嵌入連結（Link）、編碼（Code）、影像（Video）、圖片（Image）、Google Drive等方式傳遞訊息或留言；後者可以輸入任務名稱、任務說明、到期日與時間、建立（或選取、搜尋）單元等資訊新增一個任務。右側則顯示各類功能，包括基本功能（如設定、產生代碼、Email通知、群組首頁、分享、匯出等）、管理功能（如任務、成員、獎勵、課程、檔案、連結等）、教師工具（如隨機抽人、倒數計時、成績簿等）與成員。

又以「課程」中「建立課程」為例，待輸入課程名稱後，教師可在課程頁面新增主題與單元，單元類型甚多，包括影片、網頁、練習、問答、試卷、投票、塗鴉、嵌入等，教師可依個人課程屬性加以選擇。特別的是，每一種單元類型都提供一些基本設定，例如觀看「影片」教師可設定完成指標，如系統自動判斷學生必須看完98%影片時間才算通過，諸如此類，可謂真正發揮科技輔助教學的優勢。

總之，1know平臺的功能範圍廣泛，可適用於不同領域和年級的教學，藉此幫助教師在同步與非同步教學和混成教學中實現互動、合作和個別化的學習。

1Know操作介面與功能

5分鐘認識1Know

1Know在遠距教學的應用例舉

互動式教材創建
教師可以使用1know平臺創建互動式教材，包括文字、圖片、影片、問題等元素，讓學生可以在學習過程中進行互動和參與。

線上測驗和作業
教師可以設計線上測驗和作業，並在平臺上進行派發和評分。學生可以在線上完成測驗，並即時獲得回饋。

學習社群和討論
1know提供了學習社群的功能，學生可以在這裡討論問題、分享資源，以及與同學互動。

學習分析和報告
教師可以透過平臺查看學生的學習進度和表現，並生成報告，幫助教師更好地了解學生的學習情況。

多元學習方式
1know支援多元學習方式，包括同步教學、非同步教學以及混成教學，讓教師可以根據學習需求選擇適合的教學方式。

訂閱和學習管道
1know提供了多個學習管道，學生可以訂閱並接收有關特定主題的學習資源內容。

資料來源：筆者整理。

Unit 5-9
視訊會議軟體—Google Meet

圖解教學科技與媒體

本書將「Google Meet」歸類為視訊會議軟體App，它是一個跨平臺的應用程式（包括iOS、Android、網頁版），教學者可依個人載具分別在Play商店（Android系統）與App Store（iOS系統）搜尋「Google Meet」安裝此App，也可透過網頁搜尋使用，它可以提供視訊和音訊功能，使教師和學生可以進行即時的課堂互動和討論。

一、註冊或登入方式介紹

以網頁版使用為例，進入Google首頁後，可以點選右上角Google應用程式，找到Google Meet圖示直接進入主畫面；或者利用任一搜索引擎在網址列輸入Google Meet進入。

二、操作介面與功能說明

進入Google Meet主畫面後，首先，在左側可看到「發起會議」四個字，點選後計有三種發起會議方式，包括預先建立會議、發起即時會議，以及在Google日曆中安排會議等。以「發起即時會議」為例，進入會議畫面後，會跳出「會議已準備就緒」視窗，此時，會議主辦人可以點選「新增其他人」圖示，以名稱、電子郵件或電話邀請會議參與者，或者將會議參加資訊複製分享給邀請對象，如透過Email、社群軟體等。其次，在主畫面正下方從左至右分別是關閉麥克風、關閉攝影機、開啟字幕、傳送回應、立即分享螢幕畫面、舉手、更多選項（如白板、變更版面配置、全螢幕、開啟子母畫面、套用視覺效果）、退出通話等個人視訊過程中可

自由使用的功能，端看個人所處情境或需求，決定開啟或關閉。再者，在主畫面右下方依左至右尚有會議詳細資訊、顯示所有參與者、與所有參與者進行即時通訊、活動（如白板、分組）、主辦人控制項等功能。其中，在「主辦人控制項」，可以讓主辦人進行會議諸多設定，以利掌控會議狀況，以會議管理為例，主辦人有權管控會議參與者能在會議中進行哪些動作，例如：分享螢幕畫面、傳送即時通訊訊息、傳送回應、開啟麥克風、開啟鏡頭等權限設定；又以會議存取權來說，一旦主辦人關閉這項功能，凡是未受邀的使用者都必須提出要求才能加入會議，讓主辦人能對會議進行把關，避免受到外界不必要的干擾，影響會議的順利進行。

整體而言，Google Meet是一功能多元、操作簡單的視訊會議軟體，目前教育基礎與一般版可以容納每場會議參與人數達100人的上限，對於一般教學使用來說已經非常足夠。

Google Meet操作介面與功能

基本功能　　　　　　　　基本設定

5分鐘認識
Google Meet

Google Meet其他功能例舉

預排會議

除了發起即時會議外，Meet可以預排會議，方式之一是在進入Meet後，點選「發起會議」中的「在Google日曆中安排會議」，即會進入Google日曆畫面，使用者可以輸入會議標題、會議時間、邀請對象、通知等訊息，等待會議召開。

分享螢幕畫面

在Google Meet主畫面正下方功能列，點選「立即分享螢幕畫面」，分別呈現「你的整個畫面」、「單個視窗」與「單一分頁」等三個子功能選項，使用者可以依個人需求選擇要分享的形式，如果有動畫或影片要分享，即選擇後者最合適。

分組活動

線上教學難免有分組需要，這時可以利用Meet的線上分組功能，以使用「Google日曆」分組為例，使用者在進入Google日曆後，點選左上角「+建立」，選擇「活動」，輸入會議標題、時間、邀請對象、使用Google Meet會議等資訊儲存後，Google即會發送訊息給小組成員通知加入線上討論。其他組別可依上述方式重複進行，達到線上分組活動的目的。

資料來源：筆者整理。

Unit 5-10
視訊會議軟體—Webex Meetings

本書將「Webex Meetings」歸類爲視訊會議軟體App，它是一個跨平臺的應用程式（包括iOS、Android、網頁版與程式版），教學者可依個人載具分別在Play商店（Android系統）與App Store（iOS系統）搜尋「Webex Meetings」安裝此App，也可透過網頁搜尋或下載軟體安裝使用，它是一個由Cisco開發的線上會議和協作平臺，提供了視訊會議、螢幕共享、檔案共享、討論板、即時訊息等功能，以促進遠距工作和遠距教學的順利進行。

一、註冊或登入方式介紹

以網頁版使用爲例，進入Webex Meetings首頁後，可以點選「免費開始使用」，使用者可以利用一般個人電子郵件，或者使用Google、Microsoft帳號註冊登入。另外，Webex還有提供程式版，可以依個人電腦作業系統下載安裝使用。

二、操作介面與功能說明

進入Webex Meetings主畫面後，頁面左側從上而下依序有儀表板、傳訊、團隊、通話、會議等功能連結。其中，「儀表板」顯示個人會議室的複製連結，使用者可以直接「開啟會議」或是「排定會議」。「訊息」指的是可以和平臺內的聯絡人進行訊息溝通與互動，諸如透過文字、附加檔案、表情圖示、GIF動態圖片等方式，也可以新增白板和聯絡人共編，或者發起即時會議或查看行事曆掌握即將進行的會議資訊。「團隊」意指可在平臺爲一組具有相似

目標的人建立團隊，使用者可爲團隊命名與描述，並依姓名或電子郵件新增人員；此外，團隊成員可在此空間中發起視訊會議，或者利用各種方式傳遞訊息與參與線上協作。「通話」可發起呼叫或加入會議，方式可在搜尋列中依姓名、電子郵件地址或會議URL搜尋。「會議」顧名思義可在此召開視訊會議，方式有三：一是「開始會議」可直接點選即時開始個人會議室會議；二是「加入會議」可搜尋姓名，或是輸入會議號、視訊位址或會議連結加入某人發起的個人會議室；三是「排定會議」可輸入會議主題，選定會議日期與時間，以及輸入受邀者與會議議程資訊，預排時程以召開會議。

整而言之，Webex Meetings提供了多種功能，適合在遠距教學中實現團體成員間的互動、合作和溝通。此外，它能夠讓教師和學生在虛擬環境中進行教學和學習活動，以提高遠距教學的效果和效率。

Webex Meetings操作介面與功能

5分鐘認識
Webex Meetings

Webex Meetings視訊功能介紹

視訊會議
使用者可以利用「團隊」、「通話」或「會議」發起視訊會議，前二者可以即時視訊通話；後者可以選擇「開始會議」、「加入會議」或「排定會議」。

螢幕共享
在視訊通話或會議期間，點選「共享內容」，可以與他人共享你的螢幕，例如：螢幕或應用程式、檔案、相機畫面，或者螢幕特定部分。

即時訊息
在視訊通話或會議中，可以點選「顯示聊天」，使用即時訊息功能發送文字、表情圖示與符號、GIF動態圖示、提及（at）、直播（一對一聊天）等，和他人進行交流。

共用白板
在視訊通話或會議期間，你可以點選「啟動新白板」，讓團隊成員在白板上進行書寫、繪圖、便利貼與輸入文字。

會議錄製
在視訊會議中，點選「錄製會議」，可以將會議過程錄製下來，並且可以在後續時間回放，讓錯過會議的人或需要重新查看會議內容的人加以檢視。

分組討論
在視訊會議中，點選「啟用分組討論」，可以建立分組討論，討論方式待教師確認討論組別數後，可以選擇「自動」或「手動」指定參加者，或者由參加者自由選擇任何分組討論。

資料來源：筆者整理。

Unit 5-11
線上白板工具─Google Jamboard

本書將「Google Jamboard」歸類為線上白板工具App，它是一個跨平臺的應用程式（包括iOS、Android、網頁版），教學者可依個人載具分別在Play商店（Android系統）與App Store（iOS系統）搜尋「Google Jamboard」安裝此App，也可透過網頁搜尋使用，它是一款提供教師與學生無論在傳統教室、小組會議，還是遠距教學的過程中，能運用功能豐富的編輯工具與他人協同合作的應用程式。

一、註冊或登入方式介紹

以網頁版使用為例，進入Google首頁後，只要有登入Google帳號，可以點選右上角Google應用程式，找到Google Jamboard圖示直接進入主畫面；或者利用任一搜索引擎在網址列輸入Google Jamboard進入。

二、操作介面與功能說明

進入Google Jamboard主畫面後，可點選頁面右下角「+」後進入編輯頁面。在編輯頁面中，點選左上角「未命名的Jam」可為白板命名，下方從左至右則依序有復原、縮放、設定背景、清除畫面等功能。接著，左側陳列編輯工具，由上而下分別是畫筆、清除、選取、便利貼、新增圖片、圖形、文字方塊、Laser等功能選項，使用者可以依個人需求加以選用。正上方「展開畫布列」，最多可建立20個白板畫面，對於一般教學需求來說應該非常足夠。此外，頁面右上角「Google Meet」圖示，可直接點選加入視訊通話或在通話中分享當前分頁的螢幕畫面。右側「：」圖示，則出現可為白板重新命名、下載為PDF檔、將畫面儲存為圖片、移除、建立副本等選項，賦予白板保存與增刪的功能。一旁「共用」二字，則直指白板頁面可與他人協作共編，使用者可以逐自透過電子郵件或群組邀請他人加入合作，或者開放存取權，複製連結分享他人，讓任何知道這個連結的網際網路使用者都能開啟加入編輯。

根據筆者的試用，協同合作可謂Jamboard的強項，教學者只要開啟白板透過連結即可邀請學生加入，讓全體同學一起針對課室問題進行腦力激盪，主動參與學習，特別是「便利貼」的運用，讓每個人都能自由地表達個人的意見與想法，成為課室學習的主體，無形中提高了學習的動機與興趣。簡言之，Jamboard是一種線上協作工具，可以用於實現即時的互動和合作，特別適合在遠距教學中創建共享的虛擬白板，讓學習者積極地參與學習。

Google Jamboard操作介面與功能

基本功能

視訊與共用功能

編輯區

5分鐘認識
Google Jamboard

Jamboard在遠距教學的應用例舉

團隊合作
學生可以一起在Jamboard上進行小組討論、事務規劃或共同編寫。每個人都可以同時編輯，這有助於促進合作和共同創建。

示範教學
教師可以在Jamboard上示範繪製圖表、寫字、解釋概念，就像實際白板上一樣，幫助學生更清楚地理解教學內容。

互動問答
教師可以在Jamboard上提問，讓學生可以在上面回答或在特定區域上繪製答案。這有助於教師進行即時的問答互動，並確保學生的參與。

回顧與統整
教學結束時，教師可以使用Jamboard回顧本次課堂的重點，幫助學生整理所學內容。

資料來源：筆者整理。

Unit 5-12
線上白板工具—Miro: Online whiteboard

　　本書將「Miro: Online whiteboard」歸類為線上白板工具App，它是一個跨平臺的應用程式（包括iOS、Android、網頁版），教學者可依個人載具分別在Play商店（Android系統）與App Store（iOS系統）搜尋「Miro: Online whiteboard」安裝此App，也可透過網頁搜尋或下載軟體安裝使用，它是一個強大的線上協作平臺，可以用於創建虛擬白板和共享工作區，適合在教學中實現團隊互動和合作。

一、註冊或登入方式介紹

　　以網頁版使用為例，進入Miro首頁後，可以點選正中央或右上角「免費註冊」，以一般個人電子郵件或Google帳號註冊，並輸入基本資料，如：團隊名稱、職業、職稱、使用目的等資訊，註冊成功即可順利進入頁面。

二、操作介面與功能說明

　　進入Miro編輯頁面後，在頁面左側由上而下分別是選擇（Select）、模板（Templates）、文字（Text）、便利貼（Sticky note）、其他（More apps）、復原與重複、側邊欄（Open sidebar）等功能選項，使用者可以依個人需求加以選用。其中，「模板」可以選擇的有非常多元，例如：常用（Popular）、建築方塊（Building Blocks）、社群模板（Community Templates）、破冰活動（Icebreakers）、會議和研討會（Meetings & Workshops）、腦力激盪與創意（Brainstorming & Ideation）、敏捷工作流程（Agile Workflows）、繪圖與圖表（Mapping & Diagramming）、研究與設計（Research & Design）、策略與規劃（Strategy & planing）等，超過2,500多種的模板可用。「其他」則如形狀（Shape）、連接線（Connection Line）、畫筆（Pen）、註釋（Comment）、框架（Frame）、上傳（Uplode）、圖表（Charts）、心智圖（Mind Map）等等數十種功能，不一而足。

　　其次，在編輯頁面正上方從左至右則依序有回到主畫面（Go to boards）、命名（Untitled）、設定（Settings）、輸出（Export this board）、搜尋（Search）、計時器（Timer）、票選（Voting）、談話軌跡（Talktrack）、預估（Estimation）、備註（Note）、聊天（Chat）、隱藏協作者游標（Hide collaborators' cursors）、反應（Reactions）、展示（Present）、分享（Share）等功能，惟部分功能需要付費才可使用。其中，「分享」功能，使用者可以透過電子郵件或邀請連結（link）邀請團隊成員進行共編，真正體現線上協作的功能。此外，Miro與許多應用程式相容，使用者可以透過搜尋載入想要的應用程式，讓平臺功能與資源應用產生加乘的效果。

　　總之，Miro是一個多功能的教學工具，可以幫助教師和學生在遠距教學中實現協作、互動和創意，從而提高學習體驗和成效。

Miro操作介面與功能

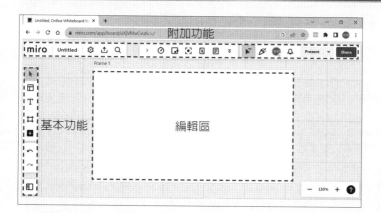

附加功能

5分鐘認識Miro

Miro在遠距教學的應用例舉

討論與思考
教師和學生可以在Miro上建立討論區，共同討論單元課題、提問和分享想法。他們可以在白板上書寫、繪製、貼上便利貼，以促進集體討論和創意思考。

心智構圖
教師可以引導學生使用Miro繪製心智圖，幫助學生組織連接不同的想法，更好地理解課程內容。

項目管理
學生可以在Miro上建立專案計畫，設計時間軸、任務列表和里程碑，促進自主學習和時間管理能力。

視覺化數據
教師可以引導學生使用Miro繪圖、創建圖表、繪製表格等，幫助學生呈現和理解數據內容。

設計活動和遊戲
教師可以設計互動式的遊戲、問題解決活動或隨堂測驗，讓學生在Miro上參與並回答。

合作與回饋
學生可以一起編輯文檔、演示文稿，並在Miro上提供評論和回饋。

資料來源：筆者整理。

Unit 5-13
線上協作工具─Google文件

本書將「Google文件」歸類為線上協作工具App，它是一個跨平臺的應用程式（包括iOS、Android、網頁版），教學者可依個人載具分別在Play商店（Android系統）與App Store（iOS系統）搜尋「Google文件」安裝此App，也可透過網頁搜尋使用，它可以允許教師和學生一起編輯和分享文件、演示文稿等，促進合作和互助學習。

一、註冊或登入方式介紹

以網頁版使用為例，進入Google首頁後，可以點選右上角Google應用程式，找到Google 文件圖示直接進入主畫面；或者利用任一搜索引擎在網址列輸入Google文件進入。

二、操作介面與功能說明

進入Google文件主畫面後，在左側可看到「開始建立新文件」文字，點選「+」後進入編輯頁面。首先，使用者在左上角「未命名文件」欄位可先為編輯頁面命名，下方從左至右分別有檔案、編輯、查看、插入、格式、工具、擴充功能與說明等功能，一目了然。在正中間編輯頁面，使用者可以任意輸入文字，或者插入如圖片、表格、繪圖、圖表、表情符號、註腳等內容，功能十分多元，能滿足使用者的一般需求。更棒的是，編輯過程，資料隨打即隨存雲端，不需要任何存檔動作，使用者不用擔心忘了存檔或資料遺失等問題。編輯中或完成的文件，可以依個人需求，點選「檔案」功能，選擇建立複本、與他人共用、透過電子郵件分享、列印，

或者下載存成其他文書軟體格式（如Microsoft Word、PDF），方便使用者個別利用或重製。除此之外，Google文件編輯，不僅提供個人使用，還可與他人協作共同編輯，方式之一可以點選頁面右上方「共用」二字，會跳出一個視窗，在「一般存取權」可以選擇共用對象為檢視者、加註者或編輯者，接著「複製連結」分享給他人，即可邀請對象進行協作與共編。另外，編輯頁面右上方還提供Google Meet連結，可以同步發起會議視訊，讓會議參與者在線上一起觀看或編輯文件，有助於遠距教學的利用。

整體而言，Google文件的編輯功能與一般文書處理軟體（如Microsoft Word）近似，使用者不需要花費太多的時間學習與適應，即可熟悉操作功能，對一般使用者來說非常容易上手。同時，存檔與協作的功能更為使用者帶來便利性，是一款簡便好用的線上工具。

Google文件操作介面與功能

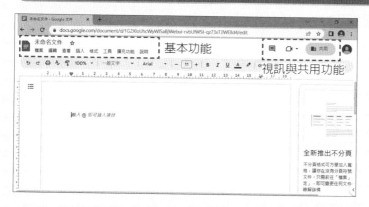

基本功能

視訊與共用功能

全新推出不分頁

5分鐘認識
Google文件

另一款線上協作工具：Google簡報

其他功能
在「插入」功能中，比Google文件來得更多，包括圖片、文字方塊、音訊、影片、圖案、表格、圖表、文字藝術、線條、特殊字元、動畫、連結等要項，兼具多媒體的特性。

操作介面
與一般簡報工具近似，如Microsoft PowerPoint。

投影播放
有兩種模式，包括「簡報者檢視」與「從頭開始」，前者是以附有觀眾問與答和演講者備忘稿的檢視模式進行投影播放；後者是循一般模式從首頁開始播放。

基本功能
與Google文件基本功能相近，但多了「投影片」與「排列」功能，前者可以增刪投影片、更換背景、版面配置、安排轉場效果、編輯主題等；後者可以針對簡報內容進行排列，如對齊、分散、置中、旋轉、群組等安排。

資料來源：筆者整理。

Unit **5-14**
國語文領域的應用示例

本教學方案，係以遠距教學模式之一「同步教學」融入國語文領域的方式進行。就教學內容而言，旨在引領學生認識不同類型的閱讀理解策略；進而分析課文文本，了解閱讀理解策略的應用形式；最後，能運用閱讀理解策略進行寫作練習。就教學實施來說，則融合多種教學策略，例如示範、合作學習、問題解決、討論、報告、發表等，藉由豐富多樣的學習體驗，促進學生的線上參與和互動。就科技與媒體運用而言，則使用了Google Meet作為同步教學軟體（包括螢幕分享、分組、聊天室等功能），以及Google Docs和Google Classroom用於寫作練習和分享，以增強教學效果和提供更具互動性的學習經驗。

一、學習目標

（一）能認識不同類型的閱讀理解策略。
（二）能針對課文文本，提出不同類型閱讀理解策略的應用形式。
（三）能運用閱讀理解策略進行寫作練習。

二、教學活動流程

（一）說明

教師透過Google Meet與學生視訊連線，簡要介紹課文主題和學習目標，引起學生的興趣和注意力。

（二）講述與示範

首先，教師透過Google Meet分享螢幕功能，說明國語文閱讀理解的策略，包括提取訊息、推論訊息、比較評估與詮釋整合等策略。接著，教師播放國語文領域電子教科書，針對課文內容示範閱讀理解策略的應用方式。

（三）小組討論

首先，教師引導學生在Google Meet中進入小組視訊會議，由組長帶領小組成員共同閱讀課本文章內容。其次，學生運用閱讀理解策略，透過Google Meet的視訊和群組功能進行討論、分享彼此的觀點，提出不同層次的閱讀理解問題。

（四）分享、報告與發表

各小組派代表在Google Meet的視訊會議中，分享小組討論後提出的不同類型的閱讀理解問題。接著，教師引導全班使用Google Meet文字或語音的聊天功能，鼓勵學生發表對小組提問的想法或觀點。過程中，教師可適時澄清疑問，提供補充資訊，並引導學生深入思考。

（五）寫作練習

學生使用Google Docs進行寫作練習，根據所讀課文主題，應用前述學過的閱讀理解策略，嘗試撰寫一篇短文、回答問題或閱讀心得。完成後，學生透過Google Docs或Google Classroom分享寫作作品，教師則利用這些工具提供寫作指導和回饋。

（六）歸納與總結

教師與學生透過Google Meet的視訊功能進行總結，歸納本課的學習內容與強調重點，也可分享部分學生的寫作成果。其次，教師可鼓勵學生在Google Meet的視訊會議中分享他們的學習心得和感受。

在國語文領域同步教學中，我們還可以做什麼？

語言應用活動
教師可以設計各種語言應用活動，例如角色扮演、辯論、口頭報告等，以提高學生的口語表達和溝通能力。例如：利用Flipgrid等視訊學習平臺，請學生錄製短影片的方式進行口語練習，並能夠互相觀看和評論。

文學討論
透過如Google Meet等同步教學軟體，教師可以組織文學討論活動，引導學生分析文學作品的主題、角色和情節，並就其意義和影響展開深入討論。

文字分析和解讀
使用如Microsoft Teams等同步教學軟體的視訊和螢幕分享功能，教師可以展示和解讀不同類型的文字，包括詩歌、新聞文章、廣告等，幫助學生理解文字的結構、風格和意義。

寫作工作坊
透過同步教學平臺的寫作工具或文件共享功能，教師可以舉辦寫作工作坊。例如：教師可以在Google Docs中創建共享的寫作文檔，邀請學生在同一個文檔中撰寫和修改作品，並透過評論功能提供回饋和建議。

資料來源：筆者整理。

Unit 5-15
數學領域的應用示例

　　本教學方案，係以遠距教學模式之一「非同步教學」融入數學領域的方式進行。就教學單元與內容而言，以「直角三角形」單元爲例，引領學生認識直角三角形的定義與特徵，並能應用直角三角形的基本概念解決相關問題，進一步能舉出直角三角形在日常生活中的應用實例。就教學實施來說，配合非同步教學的進行，教學活動訴求以學習者爲中心，透過科技媒體的融入，提供多元的學習管道和資源，包括影片觀賞、線上測驗、社群討論、專題報告等，使學生能夠按照自己的節奏進行學習，自主探索和建構知識。就科技與媒體運用而言，則使用了YouTube、數位學習平臺、Google Classroom、螢幕錄影軟體等，使學生可以在虛擬環境中互相分享想法、解答疑問，從而促進彼此的學習和合作。

一、學習目標

（一）能認識直角三角形的基本概念。
（二）能應用直角三角形的概念解決相關問題。
（三）能錄製一個關於直角三角形應用的專題報告。

二、教學活動流程

（一）錄製影片與觀看

　　教師於課前蒐集或自行錄製一個解釋直角三角形的基本概念、定義和特徵的短影片，並將錄製好的影片，上傳至YouTube或Microsoft Stream供學生觀看。

（二）數位學習平臺題目練習

　　教師引導學生使用數位學習平臺，如教育部因材網、均一教育平台，進行直角三角形測驗題目的練習和自主學習。待學生練習後，可自行驗證答案或重複練習，直到觀念與演算能力精熟爲止。

（三）討論與分享

　　教師可以使用Google Classroom等平臺建立一個討論區或班級學習社群，供學生在其中討論和分享他們在學習直角三角形時的疑問、策略和發現。

　　（上述教學活動的實施，教師也可以直接引用現成的數位學習平臺內建的功能，包括觀看影片、題目練習、討論區、筆記等）

（四）錄製專題報告

　　教師可以引導學生使用Screencast-O-Matic或Loom等螢幕錄影軟體，錄製一個關於直角三角形應用的專題報告，內容諸如：說明直角三角形的定義與特徵、舉出直角三角形在日常生活中的應用、例舉直角三角形的情境解題等。學生可以在錄製自己的報告同時進行解說與旁白，並將影片上傳至共享平臺供教師和同學觀看，觀看者也可即時給予回饋、建議或提問。

在數學領域非同步教學中，我們還可以做什麼？

資源分享和筆記整理

教師可以利用線上儲存和共享平臺，如Google Drive、OneDrive
等，分享數學相關資源，如筆記、教材、網頁連結等，供學生參
考和查閱。同時，學生也可以使用這些平臺進行筆記整理，方便
後續的複習和學習回顧。

問題解析和解答錄製

教師可以錄製問題解析和解答的影片，對一些複雜的題目進行詳
細解釋和演示，幫助學生理解解題過程和技巧。學生可以根據自
己的時間和節奏觀看影片，反覆學習和理解。

數學思考題和挑戰

提供學生一些思考題和數學挑戰，如昌爸數學工作坊，鼓勵他們
運用所學的數學知識解決複雜或開放性的問題。學生可以透過線
上平臺或電子郵件提交他們的解答和思考過程，並獲得教師的評
論和指導。

數學遊戲和模擬器

利用數學遊戲和模擬器，如GeoGebra，來培養學生的問題解決能
力和數學思維。學生可以透過遊戲和模擬器進行互動式的學習體
驗，探索數學概念、規律和關係。

資料來源：筆者整理。

Unit 5-16
自然領域的應用示例

本教學方案，係以遠距教學模式之一「混成教學」融入自然領域的方式進行。就教學單元與內容而言，以「光的傳播」單元為例，引導學生認識光的傳播和光線的特性，進而探究光在不同媒介中的反射和折射現象；最後，能夠應用光學知識解釋日常生活中光的實際現象。就教學實施來說，為能配合混成教學的進行，提供學生多元的學習體驗和交流機會，乃融合實地觀察、線上資源、虛擬實驗與線上討論等多元策略，藉此加深學生對光的傳播原理的理解和應用。就科技與媒體運用而言，則使用了錄音錄影設備、影像編輯軟體、線上教學平臺（如Google Classroom）、線上學習資源網站、虛擬實驗軟體等，提供多元的學習資源，讓學生在混成學習環境中互相交流與討論，共同探索光的傳播議題。

一、學習目標

（一）能了解光的傳播和光線的特性。
（二）能探究光在不同媒介中的反射和折射現象。
（三）能應用光學知識解釋實際現象。

二、教學活動流程

（一）實地觀察與報告

課前請學生個人或小組在家中或校園進行光的實地觀察，例如觀察陽光照射下的影子、光在水中的折射現象等。接著，學生使用平板或手機拍攝相關影像，以及使用錄音設備錄製觀察心得。最後，可運用影片編輯軟體創作觀察報告並將成果上傳線上教學平臺，向全體師生展示。

（二）線上學習資源探索與解說

課堂開始，教師可採自願或隨機方式請學生口頭發表實地觀察結果。接著，引導學生使用線上學習資源網站或數位學習平臺，例如：科普一傳十、LIS情境科學教材、均一教育平台、教育部因材網等，進行線上閱讀或觀看教學影片等學習活動，學習光的傳播原理和相關知識，如光的直進性、折射、反射等特性。同時，教師可針對學生閱讀（或觀看）疑難、困惑或不解之處給予解說，以確實掌握光的傳播原理。

（三）虛擬實驗模擬

學生透過使用虛擬實驗模擬軟體，如PhET光學模擬（https://phet.colorado.edu/zh_TW/），模擬光在不同介質的反射或折射等現象，並觀察和分析光的行為和特性，藉此發現隨著介質與數據的改變，會影響光的傳播方式。

（四）線上討論與統整

教師在討論區或線上教學平臺上，如Google Classroom、1Know，組織學生進行光的傳播相關的研討，例如：分享前述學習資源的探索心得、虛擬實驗的發現，以及實察結果的解釋等。過程中，鼓勵同儕之間相互評論，並適時給予建議或回饋。進一步統整與回顧本單元的學習重點，包括光的特性、光的傳播方式、介質的影響、日常生活實際現象的解釋等要項。

在自然領域混成教學中，我們還可以做什麼？

虛擬實境與增強實境
使用虛擬實境和擴增實境技術或應用程式，例如Expeditions
Pro、MERGE Cube等，讓學生進行身臨其境的科學體驗，如探索
地球的生態系統、觀察細胞結構等。

資料蒐集和分析
使用線上資料庫，例如NASA的太空探索資料庫、哈伯太空望遠鏡
網站、地球科學學習網等，讓學生進行科學資料的蒐集、分析和
解釋。

視訊會議和專家講座
透過視訊會議工具，如Zoom、Google Meet等，連結學生和科學
領域的專家，邀請專家進行講座、演示和互動交流，擴展學生對
科學知識的理解和應用。

線上互動評量工具
利用線上互動評量工具，例如即時反饋系統（如Kahoot）、遊戲
式評量（如Quizlet）等，讓學生進行科學知識測試、遊戲式學習
和互動競賽，提高學生對科學概念和原理的理解。

資料來源：筆者整理。

Unit 5-17
社會領域的應用示例

本教學方案，係以遠距教學模式之一「混成教學」融入社會領域的方式進行。就教學單元與內容而言，以「認識地形」單元為例，引導學生認識地形的意義、種類、特徵與形成過程，進而運用地理工具針對地理資訊進行蒐集與分析，從而培養學生地理觀察與空間思考能力。就教學實施來說，為能配合混成教學的進行，乃融合翻轉教室、合作學習、線上學習與線上測驗等多元策略，鼓勵學生主動探索和問題解決，培養其地理思維和空間意識。就科技與媒體運用而言，則使用了影音資源、線上協作軟體、地圖應用程式、線上測驗等，藉此培養學生的數位素養能力，以及運用科技媒體獲取、評估和應用地理資訊。

一、學習目標
（一）能理解地形的定義、種類和形成過程。
（二）能掌握地形要素，如山脈、平原、河流等的特徵和分布。
（三）能運用地理工具進行地理資訊的蒐集和分析。
（四）能培養地理觀察和空間思考的能力。

二、教學活動流程
（一）影片觀看與分享
教師事先利用影音平臺（如YouTube）或電子教科書蒐集一些相關的地形介紹影片，例如山脈形成、河流侵蝕等，並將影片資源連結至班級線上平臺。接著，要求學生於課前利用個人設備觀看影片，並在留言區分享觀看影片後的感想或疑問（或者教師事先利用線上表單設計問題，要求學生觀賞影片後填答，以掌握學生觀看情形）。

（二）討論與發表
課堂開始，教師安排線上分組，請小組學生參考影片解說針對地形的相關內容予以討論，例如：什麼是地形？有哪些地形？這些地形的特徵為何？怎麼形成的？分布情形如何？等等問題。期間，請學生利用協作軟體（如Google Docs）將小組討論結果記錄下來。接著，安排小組學生線上進行口頭發表，教師並針對學生疑問或不足之處給予回饋與補充，使學生能確實掌握地形的相關知識。

（三）地形探索與報告製作
學生個人或小組利用Google Earth進行地形的探索，觀察不同地區的地形要素與分布情形。接著，學生使用影片或簡報製作軟體，如iMovie、Prezi等，製作地形探索的報告影片或簡報。最後，請學生在線上平臺上分享報告影片或簡報，展示他們的地形探索和所觀察到的地理特徵，藉此將前述對地形知識的認識應用在實際的地形觀察上。

（四）線上測驗與評估
經由本單元學習，為能了解學生對於本單元地形知識的理解與掌握程度，教師於課前先行蒐集或自行設計評量試題，並採線上測驗的方式，藉此評估學生對於單元學習的成效。待學生測驗後，教師可透過線上測驗後臺分析，了解學生測驗情形，並適時給予檢討或指導。

在社會領域混成教學中，我們還可以做什麼？

模擬與繪圖
利用模擬軟體（如Digital Elevation Model, DEM），進行地形的模擬和製作，並利用繪圖軟體（如Paint、Adobe Photoshop等），將地形模擬的結果進行圖像化呈現。

虛擬實境
利用虛擬實境技術讓學生身歷其境地體驗歷史事件、文化景觀或地理環境，例如使用Expeditions Pro等虛擬實境平臺。

數位資料庫和網路資源
利用數位資料庫和網路資源（例如圖書館數位資源、博物館網站、歷史檔案資料庫）提供學生多元的素材和資料來源，進行地理探索、歷史研究、文化探究等活動。

線上合作平臺
透過協作文書軟體（如Google Docs、Microsoft OneDrive）或線上共筆工具（例如Padlet、Canva），讓學生合作撰寫社會報告、主題討論、分享資料等。

數位地圖
使用地圖應用程式（如Google地圖、Bing地圖）或地理資訊系統（Geographic Information System, GIS）軟體，讓學生探索地理位置、地形特徵、人文景觀等相關資訊。

資料來源：筆者整理。

參考文獻

一、中文部分

王全世（2000）。資訊科技融入教學之意義與內涵。**資訊與教育，80**，23-31。

王秀鸞（2016）翻轉教室應用於高中資訊科技概論課程的教學模式。載於黃國禎（主編），**翻轉教室：理論、策略與實務**（頁198-222）。臺北市：高等教育。

王寒、卿偉龍、王趙翔、藍天（2017）。**當虛擬實境和人工智慧齊步走：從現實、科幻、產品、企業到未來的影響**。臺北市：五南。

李宜紛（2015）。國中學生自編**App**學習輔助教材對英語字彙學習成就之影響〔未出版之碩士論文〕。國立臺北科技大學技術及職業教育研究所。

汪書宇（2021）。遠距教學—主體是誰之淺談。**臺灣教育評論月刊**，10(6)，55-60。

沈中偉、黃國禎（2012）。**科技與學習：理論與實務**。臺北市：心理。

林弘昌（2009）。教學科技的發展與趨勢。**生活科技教育月刊，42**(5)，1-5。

林家萬（2005）。**機械製造之數位學習成效研究**（未出版之碩士論文）。國立國立臺灣師範大學工業教育學系。

信望愛文教基金會（2012）。**學習吧**。https://www.learnmode.net/

師友雙月刊編輯部（2020）。「數位學習」專訪。**師友雙月刊，620**，5-10。

國立臺灣師範大學英語系（2015）。**Cool English英語線上學習平臺**。https://www.coolenglish.edu.tw/event/aboutus/index.php

張訓譯（2018）。虛擬實境運用於教育場域可能面臨的問題。**臺灣教育評論月刊，7**(11)，120-125。

張國恩（2002）。從學習科技的發展看資訊融入教學的內涵。**北縣教育，41**，16-25。

張義松（2014）。**數位學習平台應用於國小數學科學習成效之探究—以國小五年級分數單元為例**〔未出版之碩士論文〕。國立虎尾科技大學資訊管理研究所在職專班。

張霄亭、朱則剛（2010）。**教學媒體**。臺北市：五南。

教育部（2014）。十二年國民基本教育課程綱要總綱。臺北市：教育部。

教育部（2018）。十二年國民基本教育課程綱要—科技領域。臺北市：教育部。

教育部（2019）。十二年國民基本教育課程綱要—議題融入說明手冊。臺北市：教育部。

教育部（2021年11月25日）。**班班有網路、生生用平板─全面推動中小學數位學習精進方案**。https://www.edu.tw/News_Content.aspx?n=9E7AC85F1954DDA8&s=9F7133D453CC16F2

陳麗華（2002）。教學特性與策略。載於黃炳煌（主編），**社會學習領域課程設計與教學策略**（頁193-256）。臺北市：師大書苑。

博幼基金會（2002）。**財團法人博幼社會福利基金會**。https://www.boyo.org.tw/boyoV2/

黃芳蘭（2015）。教育新趨勢：學生自備行動載具融入教學。**教師天地，194**，55-58。

黃政傑（2014）。翻轉教室的理念、問題與展望。**臺灣教育評論月刊，3**(12)，161-186。

黃國禎（2016）。翻轉教室的定義、目的及發展。載於黃國禎（主編），**翻轉教室：理論、策略與實務**（頁2-20）。臺北市：高等教育。

黃國禎、洪駿命（2014）。行動科技輔助學習的發展。載於黃國禎、陳德懷（主編），**未來教室、行動與無所不在學習**（頁3-18）。臺北市：高等教育。

新北市教研科資教股（2012）。**全國教學App市集**。http://appmall.edu.tw/Default.aspx

楊大宇（2013）。**畫出好成績─通過思維導圖提升分數**。湖北人民出版社。

葉丙成（2016）。翻轉教室應用於數理課程的教學模式：BTS翻轉教學法。載於黃國禎（主編），**翻轉教室：理論、策略與實務**（頁154-167）。臺北市：高等教育。

葉律妤（2013）。**以行動科技輔助大學生英語字彙學習之探索性研究**〔未出版之碩士論文〕。國立高雄第一科技大學應用英語系應用語言學與英語教學碩士班。

誠致教育基金會（2012）。**均一教育平台**。http://www.junyiacademy.org/

蔡瑞君（2014）。數位時代「翻轉教室」的意義與批判性議題。**教育研究與發展期刊，10**(2)，115-138。

蔡銘修（2014）。教學App了沒？推行與不行。**臺灣教育評論月刊，3**(12)，157-160。

幫你優股份有限公司（2014）。**PaGamO線上學習平臺**。https://www.pagamo.org/

薛慶友（2019）。**翻轉教室在國小數學領域應用與實踐之探究**〔未出版之論文〕。新竹縣教育研究發展暨網路中心一〇七學年度教育人員教育學術論文。

薛慶友（2022a）。中小學遠距混成教學模式應用之初探。**師友雙月刊，633**，26-31。

薛慶友（2022b）。以行動學習推動智慧學校之實踐─以教學App應用為例。**師友雙月刊，635**，79-84。

211

薛慶友、傅潔琳（2015a）。行動學習的教學實踐與反思。**臺灣教育評論月刊**，**4**(2)，101-107。

薛慶友、傅潔琳（2015b）。數位學習平台的應用特色與評析。**臺灣教育評論月刊**，**4**(4)，77-84。

謝旻儕、黃凱揚（2016）。**AR擴增實境好好玩！結合虛擬與眞實的新科技應用**。臺北市：松崗。

簡志峰（2020年3月3日）。在家隔離也不怕！遠距教學能不能成爲防疫功臣？**獨立評論天下**。https://opinion.cw.com.tw/blog/profile/52/article/9138

Green, E.（2021年6月11日）。善用心智圖法，做高效人士。https://gitmind.com/tw/know-about-mindmap.html

二、英文部分

Acedo, M. (2013, November 27). *10 Pros And Cons Of A Flipped Classroom*. http://www.teachthought.com/trends/10-pros-cons-flipped-classroom/

Akçayır, M., & Akçayır, G. (2017). Advantages and challenges associated with augmented reality for education: A systematic review of the literature. *Educational Research Review, 20*, 1-11.

Akkoyunlu, B., & Soylu, M. Y. (2008). A study of student's perceptions in a blended learning environment based on different learning styles. *Journal of Educational Technology & Society, 11*(1), 183-193.

Ally, M. (2009). *Mobile learning: Transforming the delivery of education and training*. Athabasca University Press.

Anderson, B., & Simpson, M. (2012). History and heritage in distance education. *Journal of Open, Flexible, and Distance Learning, 16*(2), 1-10.

Anderson, L. W., Krathwohl, D. R., Airasian, P. W., Cruikshank, K. A., Mayer, R. E., Pintrich, P. R., Raths, J., & Wittrock, M. C. (2001). *A taxonomy for learning, teaching, and assessing: A revision of Bloom's taxonomy of educational objectives*. Longman.

Anderson, T., & Dron, J. (2011). Three generations of distance education pedagogy. *The International Review of Research in Open and Distributed Learning, 12*(3), 80-97.

Association for Educational Communications and Technology (2004). *The Definition of Educational Technology*. https://ocw.metu.edu.tr/file.php/118/molenda_definition.pdf.

Azuma, R. T. (1997). A survey of augmented reality. *Presence: Teleoperators and Virtual Environments, 6*(4), 355-385.

Azuma, R. T., Baillot, Y., Behringer, R., Feiner, S., Julier, S., & MacIntyre, B. (2001).

212

Recent advances in augmented reality. *IEEE Computer Graphics and Applications, 21*, 34-47.

Bacca, J., Baldiris, S., Fabregat, R., Graf, S., & Kinshuk. (2014). Augmented reality trends in education: A systematic review of research and applications. *Educational Technology & Society, 17*(4), 133-149.

Bao, W. (2020). COVID-19 and online teaching in higher education: A case study of Peking University. *Human Behavior and Emerging Technologies, 2*(2), 113-115.

Barseghian, T. (2011). *The Flip: Why I Love It, How I Use It.* http://blogs.kqed.org/mindshift/2011/07/the-flip-why-i-love-it-how-i-use-it/#comments

Bates, A. W. (2019). *Teaching in a digital age: Guidelines for designing teaching and learning* (2nd ed.). Contact North.

Bates, A. W., & Poole, G. (2003). *Effective teaching with technology in higher education: Foundations for success.* Wiley.

Behera, S. K. (2013). M-learning: A new learning paradigm. *International Journal on New Trends in Education and Their Implications, 4*(2), 24-34.

Bergmann, J., & Sams, A. (2012). *Flip your classroom: Reach every student in every class every day.* International Society for Technology in Education.

Bohil, C. J., Alicea, B., & Biocca, F. A. (2011). Virtual reality in neuroscience research and therapy. *Nature Reviews Neuroscience, 12*(12), 752-762.

Boling, E., Hough, M., Krinsky, H., Saleem, H., & Stevens, M. (2012). Cutting the distance in distance education: Perspectives on what promotes positive, online learning experiences. *The Internet and Higher Education, 15*(2), 118-126. doi:10.1016/j.iheduc.2011.11.006

Bolliger, D. U., & Wasilik, O. (2009). Factors influencing faculty satisfaction with online teaching and learning in higher education. *Distance Education, 30*(1), 103-116.

Booton, S. A., Hodgkiss, A., & Murphy., V. A. (2023). The impact of mobile application features on children's language and literacy learning: A systematic review. *Computer Assisted Language Learning, 36*(3), 400-429. https://doi:10.1080/09588221.2021.1930057

Bortnik, B., Stozhko, N., & Pervukhina, I. (2017). Effect of virtual analytical chemistry laboratory on enhancing student research skills and practices. *Research in Learning Technology, 25*, 1-20.

Bowman, D. A., & McMahan, R. P. (2007). Virtual reality: how much immersion is enough? *Computer, 40*(7), 36-43.

Brame, C. J. (2013). *Flipping the classroom.* Vanderbilt University Center for Teaching. https://cft.vanderbilt.edu/guides-sub-pages/flipping-the-classroom/

Buchem, I., & Hamelmann, H. (2010). Microlearning: A strategy for ongoing

參考文獻

213

professional development. *eLearning Papers*, 1-15.

Burdea, G., & Coiffet, P. (2003). *Virtual reality technology*. John Wiley & Sons.

Buzan, T. (2003). *Mind maps for kids: An introduction*. HarperCollins UK.

Carrington, A. (2016). *The Padagogy Wheel V4.1*. https://designingoutcomes.com/assets/PadWheelV4/PadWheel_Poster_V4.pdf

Castillo, D., & McIntosh, P. (2012). *Khan Academy: Learning Habits vs. Content Delivery in STEM Education*. http://gettingsmart.com/2012/03/khan-academy-learning-habits-vs-content-delivery-in-stem-education/

Chang, C. Y. & Shen, J. P., & Chan, T. W. (2003). Concept and design of AD Hoc and Mobile classrooms. *Journal of Computer Assisted Learning*, *19*, 336-346.

Chang, S. C., Hsu, T. C., Chen, Y. N., & Jong, M. S. Y. (2020). The effects of spherical video-based virtual reality implementation on students' natural science learning effectiveness. *Interactive Learning Environments*, *28*(7), 915-929. https://doi.org/10.1080/10494820.2018.1548490

Chen, C., Hsieh, H., Kinshuk, & Chen, N. (2017). Exploring the learning effectiveness of virtual reality for geometry education. *Computers & Education*, *106*, 1-12.

Cheng, K. H., & Tsai, C. C. (2013). Affordances of augmented reality in science learning: Suggestions for future research. *Journal of Science Education and Technology*, *22*(4), 449-462. http://dx.doi.org/10.1007/s10956-012-9405-9

Chik, A. (2014). English Language Teaching Apps: Positioning Parents and Young Learners. *Changing English*, *21*(3), 252-260.

Clark, R. C., & Mayer, R. E. (2016). *e-Learning and the Science of Instruction: Proven Guidelines for Consumers and Designers of Multimedia Learning*. John Wiley & Sons.

Corbeil, J. R, & Valdes-Corbeil, M. E. (2007). Are You Ready for Mobile Learning? *EDUCAUSE Quarterly*, *30*(2), 51-58.

Cranmer, E. E., tom Dieck, M. C., & Fountoulaki, P. (2020). Exploring the value of augmented reality for tourism. *Tourism Management Perspectives*, *35*, 100672.

Dalgarno, B., & Lee, M. J. (2010). What are the learning affordances of 3-D virtual environments? *British Journal of Educational Technology*, *41*(1), 10-32.

Dave, R. H. (1975). *Developing and writing behavioral objectives*. Educational technology publications.

Davies, R. S., Dean, D. L., & Ball, N. (2013). Flipping the classroom and instructional technology integration in a college-level information systems spreadsheet course. *Educational Technology Research and Development*, *61*(4), 563-580.

Dick, W., & Carey, L. (1996). *The Systematic Design of Instruction* (4th ed.). Harper Collins College Publishers.

圖解教學科技與媒體

Dick, W., Carey, L., & Carey, J. O. (2021). *The Systematic Design of Instruction* (9th ed.). Pearson.

Dragonflame, C. S., Olsen, A. A., & Tommerdahl, J. M. (2021). Efficacy of Mobile Apps in Teaching Foreign Languages: A Systematic Review. *ORTESOL Journal, 38*, 33-35.

Du, Z., Liu, J., & Wang, T. (2022). Augmented Reality Marketing: A Systematic Literature Review and an Agenda for Future Inquiry. *Front Psychol, 13*, 925963. http://doi:10.3389/fpsyg.2022.925963

Dunleavy, M., Dede, C., & Mitchell, R. (2009). Affordances and limitations of immersive participatory augmented reality simulations for teaching and learning. *Journal of Science Education and Technology, 18*(1), 7-22.

Ebadi, S., & Ashrafabadi, F. (2022). An exploration into the impact of augmented reality on EFL learners' Reading comprehension. *Education and Information Technologies, 27*(7), 9745-9765.

Edwards, D. (2012, September 15). *Top 10 do's and don'ts when flipping your classroom #edchat.* http://dedwards.me/2012/09/15/top-10-dos-and-donts-when-flipping-your-classroomedchat/

Ertmer, P. A., & Ottenbreit-Leftwich, A. T. (2010). Teacher technology change: How knowledge, confidence, beliefs, and culture intersect. *Journal of Research on Technology in Education, 42*(3), 255-284.

Ertmer, P. A., & Ottenbreit-Leftwich, A. T. (2013). Removing obstacles to the pedagogical changes required by Jonassen's vision of authentic technology-enabled learning. *Computers & Education, 64*, 175-182.

Fan, Min, Antle, A. N., & Warren, J. L. (2020). Augmented Reality for Early Language Learning: A Systematic Review of Augmented Reality Application Design, Instructional Strategies, and Evaluation Outcomes. *Journal of Educational Computing Research, 58*(6), 1059-1100.

Francl, T. J. (2014). Is Flipped Learning Appropriate? *Journal of Research in Innovative Teaching, 7*(1), 119-128.

Gagne, R. M. (1985). *The Conditions of Learning and Theory of Instruction* (3rd ed.). Holt, Rinehart, and Winston.

Garrison, D. R., & Kanuka, H. (2004). Blended learning: Uncovering its transformative potential in higher education. *The internet and higher education, 7*(2), 95-105.

Garrison, D. R., & Vaughan, N. D. (2008). *Blended learning in higher education: Framework, principles, and guidelines.* John Wiley & Sons.

Gee, J. P. (2008). Learning and games. In K. Salen (Ed.), *The ecology of games: Connecting youth, games, and learning* (pp. 21-40). MIT Press.

Gilboy, M. B., Heinerichs, S., & Pazzaglia, G. (2015). Enhancing Student Engagement Using the Flipped Classroom. *Journal of Nutrition Education and Behavior*, *47*(1), 109-114.

Ginns, P., & Ellis, R. (2007). Quality in blended learning: Exploring the relationships between on-line and face-to-face teaching and learning. *The Internet and Higher Education*, *10*(1), 53-64.

Graham, C. R. (2012). Emerging practice and research in blended learning. In M. G. Moore (Ed.), *Handbook of blended learning* (3rd ed.) (pp. 333-350). Routledge.

Graham, C. R., Woodfield, W., & Harrison, J. B. (2013). A framework for institutional adoption and implementation of blended learning in higher education. *The Internet and Higher Education*, *18*, 4-14.

Grant, M. M., Tamim, T., Brown, B. D., Sweeney, P. J., Ferguson, K. F., & Jones, B. L. (2015). Teaching and learning with mobile computing devices: Case study in K-12 classrooms. *TechTrends*, *59*(4), 32-45.

Hammond, T., & Manfra, M. M. (2009). Giving, prompting, making: Aligning technology and pedagogy within TPACK for social studies instruction. *Contemporary Issues in Technology and Teacher Education*, *9*(2), 160-185.

Harasim, L. (2012). *Learning theory and online technologies*. Routledge.

Hattie, J. (2011). *Visible learning: A synthesis of over 800 meta-analyses relating to achievement*. Routledge.

Heinich, R., Molenda, M., Russell, J. D., & Smaldino, S. E. (1999). *Instructional media and technologies for learning*. Merrill Prentice Hall.

Hew, K. F., & Lo, C. K. (2018). Flipped classroom improves student learning in health professions education: a meta-analysis. *BMC medical education*, *18*(1), 38.

Hmelo-Silver, C. E., Duncan, R. G., & Chinn, C. A. (2007). Scaffolding and achievement in problem-based and inquiry learning: A response to Kirschner, Sweller, and Clark (2006). *Educational Psychologist*, *42*(2), 99-107.

Hodges, C., Moore, S., Lockee, B., Trust, T., & Bond, A. (2020). The difference between emergency remote teaching and online learning. *Educause Review*. https://er.educause.edu/articles/2020/3/the-difference-between-emergency-remote-teaching-and-online-learning

Hrastinski, S. (2008). Asynchronous and synchronous e-learning. *Educause Quarterly*, *31*(4), 51-55.

Huang, B.-C., Hsu, J., Chu, ET-H., & Wu, H-M. (2020). ARBIN: Augmented Reality Based Indoor Navigation System. *Sensors*, *20*(20), 5890. https://doi.org/10.3390/s20205890

Hung, H.-T. (2011). Design-Based Research: Designing a multimedia environment to

216

support language learning. *Innovations in Education and Teaching International*, *48*(2), 159-169.

Hunter, J. (2015). *Technology integration and high possibility classrooms: Building from TPACK*. Routledge. https://doi:10.4324/9781315769950

Hwang, G.-J., & Tsai, C.-C. (2011). Research trends in mobile and ubiquitous learning: A review of publications in selected journals from 2001 to 2010. *British Journal of Educational Technology*, *42*(4), E65-E70.

Jerald, J. (2015). *The VR Book: Human-Centered Design for Virtual Reality*. Morgan & Claypool Publishers.

Johnson, D. W., & Johnson, R. T. (1999). *Learning together and alone: Cooperative, competitive, and individualistic learning* (5th ed.). Allyn & Bacon.

Jonassen, D. H. (2011). *Learning to solve problems: A handbook for designing problem-solving learning environments* (1st ed.). Routledge.

Jonassen, D. H., Howland, J., Moore, J. L., & Marra, R. M. (2003). *Learning to Solve Problems With Technology: A Constructivist Perspective* (2nd ed.). Pearson College Div.

Kamarainen, A. M., Metcalf, S., Grotzer, T., Browne, A., Mazzuca, D., Tutwiler, M. S., & Dede, C. (2013). EcoMOBILE: Integrating Augmented Reality and Probeware with Environmental Education Field Trips. *Computers & Education*, *68*, 545-556. https://doi:10.1016/j.compedu.2013.02.018

Kapp, K. M. (2012). *The gamification of learning and instruction: Game-based methods and strategies for training and education*. John Wiley & Sons.

Kay, R., & Kletskin, I. (2012). Evaluating the Use of Problem-Based Video Podcasts to Teach Mathematics in Higher Education. *Computers & Education*, *59*(2), 619-627.

Kebritchi, M., Hirumi, A., & Bai, H. (2010). The effects of modern mathematics computer games on mathematics achievement and class motivation. *Computers & Education*, *55*(2), 427-443.

Keengwe, J., & Kidd, T. T. (2010). Towards best practices in online learning and teaching in higher education. *MERLOT Journal of Online Learning and Teaching*, *6*(2), 533-541.

Khan, S. (2012). *The One World Schoolhouse: Education Reimagined*. Twelve.

Kim, D., Rueckert, D., Kim, D.-J. & Seo, D. (2013). Students' perceptions and experiences of mobile learning. *Language Learning & Technology*, *17*(3), 52-73.

Kim, M. K., Kim, S. M., Khera, O., & Getman, J. (2014). The experience of three flipped classrooms in an urban university: An exploration of design principles. *Internet and Higher Education*, *22*, 37-50.

Kipper, G., & Rampolla, J. (2012). *Augmented Reality: An Emerging Technologies Guide to AR*. Syngress Publishing.

Koole, M. L. (2009). A model for framing mobile learning. In M. Ally (Ed.), *Mobile Learning: Transforming the Delivery of Education and Training* (pp. 25-47). Athabasca University Press.

Krathwohl, D. R., Bloom, B. S., & Masia, B. B. (1964). T*axonomy of educational objectives, the classification of educational goals. Handbook II: Affective domain.* McKay.

Krevelen, D. W. F. van, & Poelman, R. (2010). A survey of augmented reality technologies, applications and limitations. *The International Journal of Virtual Reality, 9*, 1-20.

Kukulska-Hulme, A., & Traxler, J. (2007). *Mobile learning: A handbook for educators and trainers.* Routledge.

Kukulska-Hulme, A., Sharples, M., Milrad, M., Arnedillo-Sánchez, I., & Vavoula, G. (2009). Innovation in mobile learning: A European perspective. *International Journal of Mobile and Blended Learning, 1*(1), 13-35. https://doi:10.4018/jmbl.2009010102

Kukulska-Hulme, A. (2010). Mobile learning as a catalyst for change. Open Learning: *The Journal of Open and Distance Learning, 25*(3), 181-185.

Kyaw, B. M., Saxena, N., Posadzki, P., Vseteckova, J., Nikolaou, C. K., George, P. P., Divakar, U., Masiello, I., Kononowicz, A. A., Zary, N, & Tudor, C. T. (2019). Virtual Reality for Health Professions Education: Systematic Review and Meta-Analysis by the Digital Health Education Collaboration. *J Med Internet Res, 21*(1), e12959. https://doi:10.2196/12959

Kynäslahti, H. (2003). In Search of Elements of Mobility in the Context of Education. In H. Kynaslahti & P. Seppala (Eds.), *In Mobile Learning* (pp. 41-48). IT Press, Helsinki.

Lamonte, G. (2023, October 6). *Instructional Software And Apps: A Comprehensive Overview*. Educasciences. https://www.educasciences.org/instructional-materials-instructional-software-and-apps#:~:text=Instructional%20apps%20are%20mobile%20applications%20that%20can%20be,teachers%20track%20student%20progress%20and%20monitor%20student%20engagement

Lampropoulos, G., Keramopoulos, E., Diamantaras, K., & Evangelidis, G. (2022). Augmented Reality and Gamification in Education: A Systematic Literature Review of Research, Applications, and Empirical Studies. *Applied Sciences, 2*(13), 6809. https://doi.org/10.3390/app12136809

Lee, K. (2012). Augmented Reality in Education and Training. *Tech Trends, 56*, 13-21. http://doi:10.1007/s11528-012-0559-3

Liaw, S. S. (2008). Investigating students＇ perceived satisfaction, behavioral intention, and effectiveness of e-learning: A case study of the Blackboard system. *Computers & Education*, *51*(2), 864-873.

Liu, C., & Correia, A. (2021). A case study of learners' engagement in mobile learning applications. *Online Learning*, *25*(4), 25-48. https://doi:10.24059/olj.v25i4.2827

Liu, G.-Z., & Hwang, G.-J. (2010). A key step to understanding paradigm shifts in e-learning: Towards context-aware ubiquitous learning. *British Journal of Educational Technology*, *40*(2), E1-E9.

Martin, F., Dennen, V. P. & Bonk, C. J. (2020). A synthesis of systematic review research on emerging learning environments and technologies. *Educational Technology Research and Development*, *68*, 1613-1633. https://doi.org/10.1007/s11423-020-09812-2

Mayer, R. E. (2009). *Multimedia learning* (2nd ed.). Cambridge University Press.

Mayer, R. E. (2021). *The Cambridge handbook of multimedia learning* (3rd ed.). Cambridge University Press.

McCarthy, S., & Samors, R. (2009). *Online Learning as a Strategic Asset*, Vol. 1: *A Resource for Campus Leaders*. Washington DC: Association of Public and Land-Grant Universities.

Means, B., Toyama, Y., Murphy, R., Bakia, M., & Jones, K. (2010). *Evaluation of evidence-based practices in online learning: A meta-analysis and review of online learning studies*. US Department of Education

Mengori, T. M., & Dumlao, R., (2019). The Effect of Integrating Mobile Application in Language Learning:An Experimental Study. *Journal of English Teaching*, *5* (1), 50-62.

Merchant, Z., Goetz, E. T., Cifuentes, L., Keeney-Kennicutt, W., & Davis, T. J. (2014). Effectiveness of virtual reality-based instruction on students' learning outcomes in K-12 and higher education: A meta-analysis. *Computers & Education*, *70*, 29-40.

Milgram, P., & Kishino, F. (1994). A taxonomy of mixed reality visual displays. *IEICE Transactions on Information and Systems*, *77*(12), 1321-1329.

Milgram, P., Takemura, H., Utsumi, A., & Kishino, F. (1994). Augmented reality: A class of displays on the reality-virtuality continuum. *Proceedings of Telemanipulator and Telepresence Technologies*, *2351*, 282-293.

Molenda, M. (2003). In search of the elusive ADDIE model. *Performance improvement*, *42*(5), 34-37.

Moore, M. G. (1997). Theory of transactional distance. In D. Keegan (Ed.), *Theoretical Principles of Distance Education* (pp. 22-38). Routledge.

Moore, M. G., & Kearsley, G. (2011). *Distance education: A systems view of online learning* (3rd ed.). Wadsworth Publishing.

Morozov, M. (2023). *From Games to Music to Sports: How Augmented Reality is Changing Entertainment.* https://jasoren.com/ar-entertainment/

Morrison, G. R., Ross, S. M., Kalman, H. K., & Kemp, J. E. (2019). *Designing effective instruction* (8th ed.). John Wiley & Sons.

Nincarean, D., Alia, M. B., Halim, N. D. A., & Rahman, M. H. A. (2013). Mobile Augmented Reality: The Potential for Education. *Procedia–Social and Behavioral Sciences, 103*, 657-664.

Ormrod, J. E. (2012). *Human learning* (6th ed.). Pearson.

Ormrod, J. E., Schunk, D. H., & Gredler, M. E. (2009). *Learning theories and instruction* (Laureate custom edition). Pearson.

Pachler, N., Bachmair, B., & Cook, J. (2010). *Mobile learning: Structures, agency, practices.* Springer Science & Business Media.

Peters, O. (2020). Distance Teaching and Industrial Production* a Comparative Interpretation in Outline. In *Distance Education* (pp.95-113). Routledge.

Pimmer, C., Mateescu, M., & Gröhbiel, U. (2016). Mobile and ubiquitous learning in higher education settings. A systematic review of empirical studies. *Computers in Human Behavior, 63*, 490-501.

Pivec, M., & Dziabenko, O. (2010). *Game-based learning framework for collaborative learning and student e-teamwork.* https://e-mentor.edu.pl/_xml/wydania/4/42.pdf

Plow, M. A., Finlayson, M., & Magill, C. (2018). Virtual reality for health professions procedural training: A systematic review and meta-analysis. *Journal of Medical Internet Research, 20*(2), e58.

Puentedura, R. (2006). Transformation, technology, and education. In A. Shelton & D. Wiley (Eds.), *The Knowledge Economy Academic and the Commodification of Higher Education* (pp. 17-35). Sense Publishers.

Puentedura, R. (2012). *The SAMR model: Background and exemplars.* http://www.hippasus.com/rrpweblog/archives/2012/08/23/SAMR_BackgroundExemplars.pdf

Putranto, J. S., Heriyanto, J., Kenny., Achmad, S., & Kurniawan, A. (2023). Implementation of virtual reality technology for sports education and training: Systematic literature review, *Procedia Computer Science, 216*, 293-300.

Pynoo, B., Devolder, P., Tondeur, J., van Braak, J., Duyck, W., & Duyck, P. (2011). Predicting secondary school teachers' acceptance and use of a digital learning environment: a cross-sectional study. *Computers in Human Behavior, 27*(1), 568-575.

Quinn, C. (2000, July). *mLearning: Mobile, Wireless and In-Your-Pocket Learning.* https://www.researchgate.net/publication/343083598

圖解教學科技與媒體

Radhakrishnan, U., Koumaditis, K., & Chinello, F. (2021). A systematic review of immersive virtual reality for industrial skills training. *Behaviour & Information Technology*, *40*(12), 1310-1339. https://doi:10.1080/0144929X.2021.1954693

Radu, I. (2014). Augmented reality in education: A meta-review and cross-media analysis. *Personal and Ubiquitous Computing*, *18*(6), 1533-1543.

Rambe, P. (2012). Constructive Disruptions for Effective Collaborative Learning: Navigating the Affordances of Social Media for Meaningful Engagement. *Electronic Journal of e-Learning*, *10*(1), 132-146.

Rheingold, H. (1992). *Virtual reality: Exploring the brave new technologies of artificial experience and interactive worlds–From cyberspace to teledildonics*. Mandarin.

Ribble, M., Bailey, G. D., & Ross, T. W. (2004). Digital citizenship: Addressing appropriate technology behavior. *Learning & Leading with Technology*, *32*(1), 6-11

Robin, B. R. (2008). Digital storytelling: A powerful technology tool for the 21st century classroom. *Theory into Practice*, *47*(3), 220-228.

Robledo, S. J. (2012). *Mobile Devices for Learning What You Need to Know*. https://files.eric.ed.gov/fulltext/ED539398.pdf

Roblyer, M. D., & Hughes, J. E. (2018). *Integrating educational technology into teaching* (8th ed.). Pearson.

Roschelle, J., & Pea, R. (2002). A walk on the WILD side: How wireless handhelds may change computer-supported collaborative learning. *International Journal of Cognition and Technology*, *1*(1), 145-168.

Rose, F. D., Attree, E. A., Brooks , B. M., Parslow, D. M. & Penn, P. R. (2000). Training in virtual environments: transfer to real world tasks and equivalence to real task training, *Ergonomics*, *43*(4), 494-511. https://doi:0.1080/001401300184378

Rosen, Y., Ferrara, S., & Mosharraf, M. (2016). *Handbook of Research on Technology Tools for Real-World Skill Development*. IGI Global. https://doi.org/10.4018/978-1-4666-9441-5

Rouse, M. (2020, August 7). *Mobile Application*. Techopedia. https://www.techopedia.com/definition/2953/mobile-application-mobile-app

Saettler, P. (2004). *The Evolution of American Educational Technology*. Information Age Publishing.

Sarker, M. N. I., Wu, M., Qian, C., Alam, G. M. M., & Li, D. (2019). Leveraging Digital Technology for Better Learning and Education: A Systematic Literature Review. *International Journal of Information and Education Technology*, *9*(7), 453-461. https://doi:10.18178/ijiet.2019.9.7.1246

Seels, B., & Richey, R. (1994). *Instructional technology*: *The definition and domains of the field*. Association for Educational Communications and Technology.

Selwyn, N. (2012). *Education and Technology: Key Issues and Debates* (1st ed.). Continuum International Publishing Group.

Sharples, M. (2000). The design of personal mobile technologies for lifelong learning. *Computers & Education*, *34*(3-4), 177-193. https://doi:10.1016/S0360-1315(99)00051-9

Sharples, M., Adams, A., Alozie, N., Ferguson, R., FitzGerald, E., Gaved, M., McAndrew, P., Means, B., Remold, J., Rienties, B., Roschelle, J., Vogt, K., Whitelock, D., & Yarnall, L. (2015). *Innovating Pedagogy 2015: Open University Innovation Report 4*. The Open University.

Sharples, M., Taylor, J., & Vavoula, G. (2007). A theory of learning for the mobile age. In R. Andrews & C. Haythornthwaite (Eds.), *The Sage Handbook of E-learning Research* (pp. 221-247). Sage Publications.

Shepherd, C. (2001, June). *M is for Maybe. Tactix: Training and communication technology in context*. http://www.fastrak-consulting.co.uk/tactix/features/mlearning.htm

Sherman, W. R., & Craig, A. B. (2018). *Understanding virtual reality: Interface, application, and design* (2nd ed.). Morgan Kaufmann.

Shute, V. J., & Zapata-Rivera, D. (2012). Adaptive educational systems. In P. J. Durlach & A. M. Lesgold (Eds.), *Adaptive Technologies for Training and Education* (pp. 7-27). Cambridge University Press.

Simonson, M., Smaldino, S., Albright, M., & Zvacek, S. (2019). *Teaching and learning at a distance: Foundations of distance education* (7th ed.). Information Age Publishing.

Sinha, S. (2011). *Does Khan Academy Really Work?* http://www.huffingtonpost.com/shantanu-sinha/does-khan-academy-really-_b_946969.html

Sirakaya, M., & Sirakaya, D. A. (2022). Augmented reality in STEM education: a systematic review. *Interactive Learning Environments*, *30*(8), 1556-1569. https://doi:10.1080/10494820.2020.1722713

Slater, M., & Sanchez-Vives, M. V. (2016). Enhancing our lives with immersive virtual reality. *Frontiers in Robotics and AI*, *3*, 74.

Slater, M., & Wilbur, S. (1997). A framework for immersive virtual environments (FIVE): Speculations on the role of presence in virtual environments. Presence: *Teleoperators and Virtual Environments*, *6*, 603-616.

Smaldino, S. E., Lowther, D. L., & Russell, J. D. (2012). *Instructional technology and media for learning* (12th ed.). Pearson.

Smith, P. L., & Ragan, T. J. (2004). *Instructional design* (3rd ed.). Wiley.

Smutny, P., Babiuch, M., & Foltynek, P. (2019, May 26-29). *A Review of the Virtual*

圖解教學科技與媒體

Reality Applications in Education and Training [Conference presentation]. 2019 20th International Carpathian Control Conference (ICCC), Krakow-Wieliczka, Poland. https://doi:10.1109/CarpathianCC.2019.8765930

Squire, K., & Klopfer, E. (2007). Augmented Reality Simulations on Handheld Computers. *Journal of the Learning Sciences, 16*, 371-413.

Stone, B. B. (2012). *Flip Your Classroom to Increase Active Learning and Student Engagement* [Paper presentation]. 28th Annual Conference on Distance Teaching & Learning, Madison.

Strayer, J. F. (2012). How learning in an inverted classroom influences cooperation, innovation and task orientation. *Learning environments research, 15*, 171-193.

Su, Y.-S., Cheng, H.-W., & Lai, C.-F. (2022). Study of Virtual Reality Immersive Technology Enhanced Mathematics Geometry Learning. *Front Psychol. 17*(13), 760418. https://doi:10.3389/fpsyg.2022.760418

Suh, J., & Lee, Y. (2019). A virtual reality mathematics laboratory for understanding three-dimensional geometry. *Journal of Educational Computing Research, 57*(5), 1221-1238.

Sung, Y.-T., Chang, K.-E., & Liu, T.-C. (2016). The effects of integrating mobile devices with teaching and learning on students' learning performance: A meta-analysis and research synthesis. *Computers & Education, 94*, 252-275. https://doi.org/10.1016/j.compedu.2015.11.008

Swan, K., & Hofer, M. (2008). Technology and teacher education. In J. Voogt & G. Knezek (Eds.), *International Handbook of Information Technology in Primary and Secondary Education* (pp. 599-611). Springer.

Teodorescu, A. (2015). Mobile Learning and its impact on business English learning. *Procedia-Social and Behavioral Sciences, 180*, 1535-1540.

Toprani, D., AlQahtani, M., & Borge, M. (2020). Examining Technology Use and Evaluation in Computer-Supported Collaborative Learning: A Systematic Review. In M. J. Spector, B. B. Lockee, & M. D. Childress (Eds.), *Learning, design, and technology: An international compendium of theory, research, practice, and policy* (pp. 1-25). Springer, Cham. https://doi.org/10.1007/978-3-319-17727-4_164-1

Traphagan, T., Kucsera, J. V., & Kishi, K. (2010). Impact of class lecture webcasting on attendance and learning. *Educational Technology Research and Development, 58*, 19-37.

Tucker, B. (2012). The Flipped Classroom: Online instruction at home frees class time for learning. *Education Next, 12*(1), 82-83.

Walsh, K. (2011, September 11). *7 stories from educators about teaching in the flipped classroom.* http://www.emergingedtech.com/2011/09/7-stories-from-educatorsabout-teaching-inthe-flipped-classroom/

Walsh, K. (2012, August 5). *8 great reasons to flip your classroom (and 4 of the wrong reasons), from Bergmann and Sams.* http://www.emergingedtech.com/2012/08/8-great-reasons-to-flip-your-classroom-and4-of-the-wrong-reasons-from-bergmann-and-sams/

Wu, H. K., Lee, S. W. Y., Chang, H. Y., & Liang, J. C. (2013). Current status, opportunities and challenges of augmented reality in education. *Computers & Education, 62,* 41-49. https://doi:10.1016/j.compedu.2012.10.024

Xiong, J., Hsiang, E.-L., He, Z., Zhan, T., & Wu, S.-T. (2021). Augmented reality and virtual reality displays: emerging technologies and future perspectives. *Light: Science & Applications, 10*(216), 1-30. https://doi.org/10.1038/s41377-021-00658-8

Yen, J.-C., Wang, J.-Y., & Chen, I.-J. (2011, July 15). *Gender differences in mobile game-based learning to promote intrinsic motivation* [Conference presentation]. 15th WSEAS international conference on Computers.

Yildirim, G., Elban, M., & Yildirim, S. (2018). Analysis of Use of Virtual Reality Technologies in History Education: A Case Study. *Asian Journal of Education and Training, 4*(2), 62-69.

Zimmerman, B. J. (2002). Becoming a self-regulated learner: An overview. *Theory into Practice, 41*(2), 64-70.

圖解教學科技與媒體

國家圖書館出版品預行編目資料

圖解教學科技與媒體/薛慶友著. -- 初版.
-- 臺北市 ： 五南圖書出版股份有限公司,
2024.04
 面； 公分
ISBN 978-626-366-860-7(平裝)
1.CST: 教學科技 2.CST: 教學媒體
3.CST: 數位學習
521.53   112020831

1I7X

圖解教學科技與媒體

作　　者 ― 薛慶友

發 行 人 ― 楊榮川

總 經 理 ― 楊士清

總 編 輯 ― 楊秀麗

副總編輯 ― 黃文瓊

責任編輯 ― 郭雲周、李敏華

封面完稿 ― 姚孝慈

出 版 者 ― 五南圖書出版股份有限公司

地　　址：106臺北市大安區和平東路二段339號4樓

電　　話：(02)2705-5066　　傳　　真：(02)2706-6100

網　　址：https://www.wunan.com.tw

電子郵件：wunan@wunan.com.tw

劃撥帳號：01068953

戶　　名：五南圖書出版股份有限公司

法律顧問　林勝安律師

出版日期　2024年4月初版一刷

定　　價　新臺幣 350 元

經典永恆・名著常在

五十週年的獻禮——經典名著文庫

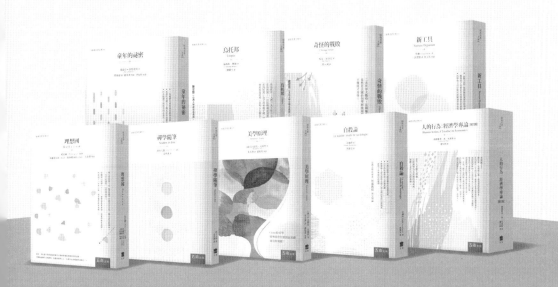

五南，五十年了，半個世紀，人生旅程的一大半，走過來了。
思索著，邁向百年的未來歷程，能為知識界、文化學術界作些什麼？
在速食文化的生態下，有什麼值得讓人雋永品味的？

歷代經典・當今名著，經過時間的洗禮，千錘百鍊，流傳至今，光芒耀人；
不僅使我們能領悟前人的智慧，同時也增深加廣我們思考的深度與視野。
我們決心投入巨資，有計畫的系統梳選，成立「經典名著文庫」，
希望收入古今中外思想性的、充滿睿智與獨見的經典、名著。
這是一項理想性的、永續性的巨大出版工程。
不在意讀者的眾寡，只考慮它的學術價值，力求完整展現先哲思想的軌跡；
為知識界開啟一片智慧之窗，營造一座百花綻放的世界文明公園，
任君邀遊、取菁吸蜜、嘉惠學子！